博雅光华·管理培训精品

宋春涛 著

北京大学出版社

图书在版编目（CIP）数据

一句顶一句：说着说着就成了/宋春涛著．—北京：北京大学出版社，2012.6
 ISBN 978–7–301–20528–0

Ⅰ.一… Ⅱ.宋… Ⅲ.口才学－通俗读物 Ⅳ.H019-49

中国版本图书馆CIP数据核字（2012）第 067008 号

书　　　　名：	一句顶一句——说着说着就成了
著作责任者：	宋春涛　著
责 任 编 辑：	梅秋慧
标 准 书 号：	ISBN 978–7–301–20528–0／F·3145
出 版 发 行：	北京大学出版社
地　　　　址：	北京市海淀区成府路 205 号　100871
网　　　　址：	http://www.pup.cn
电　　　　话：	邮购部 62752015　　发行部 62750672
	编辑部 82893506　　出版部 62754962
电 子 邮 箱：	tbcbooks@vip.163.com
印 　刷　 者：	北京嘉业印刷厂
经 　销　 者：	新华书店
	889 毫米×1194 毫米　24 开本　9.5 印张　189 千字
	2012 年 8 月第 1 版第 4 次印刷
定　　　　价：	29.00 元

未经许可，不得以任何方式复制或抄袭本书之部分或全部内容。
版权所有，侵权必究
举报电话：010–62752024；电子邮箱：fd @ pup.pku.edu.cn

前言

拼职场，表达为什么重要？

我的一位朋友 1996 年从北京某名校毕业后，一直穿梭服务于世界 500 强企业，目前是一家跨国咨询公司的客户总监。有一次，聊起这些年来他个人的职业发展心得，他说可以归纳为三个阶段："第一阶段是 do well，做得出色，能出活；第二阶段是 speak well，说得漂亮，能出彩；第三阶段是 look well，看着不错，有魅力。"细想一下，还真是非常有道理。

职场新丁刚刚迈上工作岗位时，do well 那是绝对必须的。只有脚踏实地，苦干加巧干，做出实实在在的业绩，才能给上司留下好的印象，也能让自己更容易从一群新人当中脱颖而出。问题是，很多职场人士据此错误地以为只要能够持续地 do well，甚至 do better，就足以让自己的职业生涯发展一帆风顺，结果却悲催地发现晋升机会并没有如愿降临到自己头上。

还有一位朋友和我分享过一个真实的案例。他的一位大学同学

一句顶一句

2000年大学毕业后，就职于某股份制商业银行的计划财务部，工作细致、认真、勤奋，靠着脚踏实地的工作作风，一步步升至财务部账务中心处长。一年前，部门换了新领导，雷厉风行，推动部门架构调整，让所有中层干部集体起立，重新竞聘。在这个过程中，领导发现这位处长内向木讷，一旦当众讲话就因为紧张而手足无措、语无伦次。最后，他的处长位置落入旁人之手。

在这个"酒香也怕巷子深"的时代，除了要做得出色、手底下能出活以外，还必须善于表达，把自己的工作思路、项目方案、工作成果等流畅、妥当地呈现给公司的大领导、部门的负责人以及团队的合作者。只有这样，才能让领导对你刮目相看。如同联想集团前董事长柳传志先生所说："光说不练是假把式，光练不说是傻把式，能说会练才是真把式！"如果你是既能do well又能speak well的真把式，我敢保证，你的发展机会一定比别人多一倍！

回想我自己这些年来的工作与学习经历，可以说真的沾了speak well的光。1994年，我上大学一年级的时候，在全系演讲比赛中一不小心拿了第一名，被系主任牢牢记住了名字，任命为班长，两年班长生涯后又竞选成功，担任学院、系两级学生会主席。坦白说，我不觉得我个人的能力比其他同学强多少，但站在台上激情洋溢演讲时所传递出来的信心与力量，的确成为打动老师和同学的关键。

2006年，我作为中山大学岭南学院的MBA代表，赴英国兰卡斯特大学参加MBA项目交流。在高阶领导力（Advanced Leadership）这门课程中，教授要求全班78名学生发表领导力演讲，演讲成绩计入该门课程的学习成绩。尽管我在英国待的时间不长，但出乎所有人意料的是，我的演讲让教授连连说"Impressive! Amazing!"，他不仅给了我全班最高分，还推荐我参加一个由他主持的领导力研究项目。

这本书能怎么帮到你？

我相信就职场表达的重要性，我们不难达成共识。接下来，你也许会问为什么这本书可以帮到你。首先，我可以保证，它和你所见到的市场上绝大多数演讲、口才、表达类的书籍都不甚相同：

这本书能够帮你了解表达背后的规律。比如说听众的逻辑需求和情感需求、构建表达架构的"金字塔原理"、设计表达流程的"三步骤法则"、表达者自我修炼的"冰山理论"……对于成年人而言，只有知其所以然，才能更好地知其然。

这本书能为你提供各种实用的工具和方法。比如说如何克服表达时的紧张情绪、如何认可与肯定你的听众、如何运用"钉床理论"找到表达内容的亮点、如何设计提问的"组合拳"来加强互动、如何提炼打动人心的你自己的故事……这些工具和方法有些来自于各大咨询公司，有些是我多年的心得总结，相信一定会对你有所帮助。

这本书还与你分享了各种成功与失败的鲜活案例。阅读这本书会是一段轻松愉悦的旅程，每个案例都来自真实的职场和生活，成功的或是失败的，你一定能在其中找到自己的影子。

这本书希望带给你表达之外的收获。每一章节的最后都有一段职场

感悟，这些故事来自我自己近 15 年的职场发展体会，有成功的喜悦，也有失败的懊悔，但更多的是我对于职业生涯发展的思考。如果你能感受到这些文字背后的思考，希望我的努力能让你的职业生涯发展更顺畅。

下面该你登场了！

职场表达力的提升绝非一蹴而就，如同书中"冰山理论"所揭示的那样，这是一个循序渐进的过程，需要持之以恒地练习、反思、再练习、再反思！

期待你的成长！

宋春涛

前言　I

第一章　像了解自己一样了解听众
——你在对谁说话

第 1 节　把你想说的变成他想听的　3
一、满足听众的逻辑需求　5

二、绝不要忽视情感需求　10

【职场感悟】找到你的职场贵人　17

第 2 节　寻找听众中的"自己人"　19
一、听众满足正态分布　20

二、"自己人"在哪里？　22

三、把"中间人"发展为"自己人"　28

【职场感悟】缺乏人际敏感度，小心蹲"冷宫"　31

第❸节　抓住关键人物的耳朵　33

　　一、巧妙运用二八法则　33

　　二、打动关键人物的三个关键方法　34

　　三、表达者的关键任务——识别关键人物　42

　　【职场感悟】请给老板选择题，而非开放式问题　45

第二章　结构为王，内容为要
——想清楚才能说明白

第❶节　让表达"立"起来　50

　　一、以终为始，明确目标　50

　　二、梳理逻辑，构建结构　53

　　【职场感悟】想得清楚，你才能说得明白　77

第❷节　内容需要裁剪与加工　79

　　一、简明扼要——钉床理论　79

　　二、避免太专业的术语和"双语"　81

　　三、避免过于极端的词语或观点　83

　　四、用比喻表达深刻道理　84

五、用类比引发大家的共识　87

六、用图表说话　90

七、一张图片胜过 1000 个字　93

【职场感悟】熟读文件，领会精神，汇报发言有境界　95

第三章　优质的表达有章可循
——每个人都是好导演

第❶节　一次完美的表达只需三步　99

一、听众的记忆力曲线　102

二、完美表达三部曲　103

【职场感悟】放低自己，抬高对方　152

第❷节　搬开表达中的绊脚石　154

一、激发听众思考的技术　154

二、回答问题原来这么有讲究　162

三、搞定突发情况的技术　168

【职场感悟】再做一遍，有何不同？　175

第四章 塑造你的表达风格
——成为你自己

第1节 独特的风格从大量的练习中建立 179
一、表达者的 3V——Verbal、Vocal、Visual 181

二、知识与经验，习惯与激情 182

三、10000 个小时，没有商量 191

【职场感悟】爱一行，再去干一行 195

第2节 多讲讲自己或者别人的故事 196
一、故事里都包含了什么 196

二、让故事活起来 199

【职场感悟】内容背后是观点，观点背后是你自己 207

后记 211

第一章
像了解自己一样了解听众
——你在对谁说话

一句顶一句
说着说着就成了

> 在准备一次谈话时，心里不知道谈话对象是谁，就好像写情书时不知道发给谁一样。
>
> ——肯·汉默

开口说话之前，我们必须先把目光投向表达对象，也就是我们的听众身上，因为重要的不是我们的嘴巴说了什么，而是他们的耳朵听到了什么。如同美国电报电话公司前任总裁肯·汉默所说，在准备一次谈话时，心里不知道谈话对象是谁，就好像写情书时不知道发给谁一样。

在职场中，听众可能是我们的上司、下属、平级、客户、朋友、师长、学生……不管我们要说的是什么，首先必须把心放在听众那边，尊重他们，讲述对他们有价值、有意义的事情。"把心放在听众那边"，这是最强大的表达技巧，也是一种能使人更快乐和充实的思维方法。

第 1 节
把你想说的变成他想听的

回忆一下日常的工作，这样的场景你可能一点儿也不陌生：同样是汇报工作，刚才还频频点头、辅以微笑的领导，一听见你说话，就开始双眉紧锁或目光飘散；

每次你代表公司去给客户讲标，客户方的评委们不是出去打电话就是低头看短信，对于你正在展示的内容显得毫无兴趣，搞得你在台上手足无措、无比尴尬；在项目讨论中，明明你准备得很充分，资料收集得也足够多，可同事们慢慢地都开始走神、偷偷看表……你有没有曾经捶胸高喊：苍天啊，为什么会这样？！

其实，无论是汇报工作、讨论项目还是当众演讲，你必须记住的一点就是：演讲、表达不是为了让自己说得多么过瘾，而是为了让听众听得投入、舒心。你必须学会站在听众的角度，把你想说的变成听众想听的，这样他才愿意关心你想让他接受的东西。

不知道你是否做过这样一个游戏：用你的手指给你对面的人摆一个"人"字。你会怎么做？我曾在课堂上多次做过试验，发现经常有学员将右手食指指尖顶在左手食指中间，从我的角度来看，那就是个"入"字。这提示我们，面对同一场景，站在自己角度理解的和站在对方角度看到的，有时会完全不同。所以，作为表达者，你应该了解如何站在对方的角度思考与陈述。

也许你会说："我当然知道这很重要，但我又不是对方，怎么知道他想听什么？"毫无疑问，洞察人心并非易事，但你可以掌握一些基本的规律和方法，帮助你接近人性的真相。

洞察人心的第一规则：在表达之前，将"逻辑需求"和"情感需求"这八个字深深地刻在你的左脑和右脑。

洞察人心的第一规则

在表达之前，将"逻辑需求"和"情感需求"这八个字深深地刻在你的左脑和右脑。

如图1-1所示，左脑关系着理性、逻辑、数字、模型，右脑则与情感、认可、尊重有关。你在面对听众时，实际上就是面对着他们的左脑和右脑。听众的左脑更关心具体结果，比如逻辑清晰的结构、具有说服力的数据或者一目了然的模型；与此同时，右脑则需要在舒服、放松的状态下，感受到高度认同，期许赞赏，满足情感需求。

所以对表达者来说，只有充分把握住听众的逻辑需求和情感需求，才能真正把自己想说的变成听众想听的，进而影响、说服听众。

图 1-1　左脑和右脑

一、满足听众的逻辑需求

1. 请给我好处

"你说的对我有什么好处？"这个问题是你在讲话之前必须要考虑的，因为这个问题背后，隐藏着听众的逻辑需求。如果这个听众是你的老板，他的逻辑需求可能就是：你汇报的事情是否代表着销售数字在增加、流程效率在提升、实施方案具有可行性……如果这个听众是你的客户，他的逻辑需求可能会是：你所说的产品或服务是否能帮助他降低经营成本、提升客户满意度、优化工作绩效……

逻辑需求是帮助表达者做出理性判断的依据，把握并判断听众的逻辑需求，能直接提升表达的说服力。最近，我就经历了这么一件事。

一段时间前,我接到一个来自A银行信用卡中心的服务电话,起因是作为这家银行连续7年的信用卡金卡客户,最近我选择办理了另外一家银行的信用卡。让A银行感到困惑的是,之前那张信用卡的使用期限已到期了,我却没有去邮局取他们寄送给我的新卡,于是新卡被退回到他们的信用卡中心。

一段时间过去,我以为这件事情就这样结束了,只是A银行流失了一个信用记录良好的普通客户。没想到,这时候我却接到了A银行营销人员的服务电话。这位营销人员的目的很简单,就是希望能够说服我接受并且继续使用他们的信用卡。她是这么说的:

"宋先生,首先非常感谢您过去7年来一直使用我们银行的信用卡,作为我们的忠实客户,您的信用记录一直非常优良!(开场先对客户进行表扬与认可)我留意到,您的信用卡到期后,您就没有再使用我们寄给您的新卡,我相信一定会有原因,不过我觉得这样真的挺可惜。(概括问题,提出一个悬念)第一,您之前的消费累积了一万多积分,使用这些积分,您可以在我们的信用卡商城兑换很多您个人或家庭需要的、很实用的商品;第二,还是和您过往使用的情形一样,每年您只要使用6次,就可以免除这一年的年费,不会给您增加任何新的成本;第三,我们只是想把卡寄送到您手上,您只要不打开,不在卡上签名,它就不会生效,万一您临时有个资金方面的紧急用途,还可以拿它来应应急。(分三方面阐述对我的好处)您看,我是不是可以把这个卡快递给您?(提出具体建议)"

这个时候,我已经无法再拒绝她的建议,因为她所表达的这三点都对我只有好处,而没有任何坏处。于是,她成功地说服了我!

如果你无法满足听众的逻辑需求,理性而又礼貌的听众也许还能够容忍一定范围内的"跑偏",但如果你所说的和听众所想要的完全是"驴唇不对马嘴",那么我可以很负责任地说,基本上你很难全身而退了。

2011年5月,中国台湾地区一家知名培训公司的总经理找到我们,探讨我们的课程需求——如何提升银行网点的生产力。这家培训公司的讲师基本都在中国台湾地区的金融行业工作过10年以上,实战心得与管理经验俱佳。了解清楚我方的需求后,那位总经理答应说下周整理出一份基于我们的需求设计的课程大纲,然后再和我们探讨。

基于第一次的良好沟通,我们邀请了几位支行行长、部门经理共同参加第二次探讨。有一些意外的是,对方总经理没有出席,说是因临时有事飞去了西安,交代他们的一位副总经理过来和我们进行主题分享。

在副总经理介绍了10分钟后,我发现了一个很严重的问题,他所介绍的内容完全不是围绕上次双方所达成共识的方向,而是在重点推销另外一个课程。出于礼貌,其他人虽然都还在听他介绍,但很诧异,因为他们接到的会议通知完全是另一个主题。15分钟后,我终于打断了那位副总经理,重新强调了我们的主题。终于,他回到了正确的方向,但是问题再次出现,而且同样严重,那就是他其实并不太熟悉这个课题。在继续忍受了10分钟的语焉不详后,我再次打断他,并中断了会议。

对方这时才意识到了问题的严重性,反复解释总经理本来应该会亲自来主讲的,实在是临时有事云云。但解释就是掩饰,再多的

语言此刻都是苍白的。尽管最近两年来,这家培训公司在行业内声名鹊起,但我想我们近期内可能不会和他们合作了。

我相信你一定有过和我相似的经历。"你所说的对我有什么好处?"这个看似简单的问题,却是你在交流中应该最先解决的问题。因此,在开始表达之前,甚至在表达的过程中,聪明的表达者都会时刻自我提问,发掘答案,有效地说服听众。

2. 请用我能理解的语言来表达

很多人在面对听众的时候都会有一个误区:"如果我说的内容专业性够强,普通听众甚至不容易理解,那么他们肯定会认可我的专业度,进而认可并且接受我的观点,因为我在他们心目中树立了权威形象。"但事实上真的如此吗?

我的一个MBA同学,服务于中国移动某省公司已有15年时间,近3年来一直在网络维护部门工作。以她的专业经验与技术水平,担当部门下面的一个科室经理早已是绰绰有余,部门老总也经常在大会小会上表扬她的勤奋努力与专业能力。但让她郁闷的是,过去两年的公司竞聘,她都与晋升的机会擦肩而过,百思不得其解之外,她只能感慨自己没有做领导的命。

上个季度,她再一次迎来了竞聘科室经理的机会,这一次,她找到了我,请我担当她的竞聘顾问。一看她的竞聘材料,我马上知道了问题的所在。20分钟的主题演讲,她准备了近60张PPT,其中一半以上是非常复杂的网络基站设计图或布局图。她的观念中根深蒂固的一点是,她是做技术出身的,尽管学了工商管理,但一定要把自己的技术优势发挥到最大。

我先问她竞聘演讲的评委除了她的主管部门领导外，还有哪些人？这时我才知道，原来10个评委中，有7个来自其他非专业部门。

我接着问她："前两次竞聘演讲，你能让评委们听懂你的内容吗？"

她摇头说："应该是不能。"

"为什么？"

"因为我讲的时候，他们基本上都不看我，有的在发短信，有的在打电话。"她补充道，"可是这样能够让我不紧张呀！他们不看我，我也不用看他们，只要按照自己想讲的去讲就可以了。"

接下来，我又问了她一个问题，一个让她真正陷入思考的问题："你觉得你的竞聘演讲与行业交流研讨会最大的区别是什么？竞聘最大的目的又是什么？"

良久之后，她告诉我："是为了能够说服评委，我才是那个科室经理的最合适人选。"

我说："如果你演讲的内容都无法让人理解，你觉得他们能被你打动吗？"

她再一次陷入沉思……

幸运的是，她在第三次竞聘中，终于做了聪明的改变。她选择用15张PPT，组织浅显易懂的工作语言，让评委们很好地了解了她为移动已经创造的价值以及她接下来的管理思路。她成功了！

如果你也是这样一个工作勤奋、努力上进的职场人，却始终未能获得客户的青睐或上司的重视，也许你应该好好想想是不是在表达方面犯了"低级错误"。一个符

合职业化要求的职场人，必须学会用听众能接受的方式来表达。优秀的表达者通常有一个显著特征，那就是他们能够基于对方的年龄层次、知识水平、职务级别进行判断，找到理解上的共同点，并善加利用，从而让对方容易接受自己的观点和主张。

近两年来，随着市场化程度的不断提高，商业银行的竞争越来越激烈，尤其是在个人零售银行市场，每一位客户经理都在全力以赴地争取客户。对于中小企业而言，绝大多数申请贷款的就是老板或者老板娘本人，他们关心的无非也就是两个问题：贷款利率和放款时间。

尤其是第一个问题更是他们所关心的，因为和成本有关。每一次他们问银行的客户经理一年期贷款利率是多少，得到的回应通常是"基准利率上浮20%~30%"。听起来很专业吧？但那究竟是多少呢？小老板迷惑了，老板娘更加不懂，嘴上不说，心里面却在嘀咕，一年20%~30%的利息，这不要了奴家的小命嘛！

其实客户想要听到的回答是这样的："吴老板，我们银行一年期贷款利率现在是8厘左右，已经是很优惠的啦，隔壁他们家现在已经是9厘多了呢。"这么一说，无论是穿西装套旅游鞋的个体小老板，还是涂指甲油、挎"驴"牌包包的老板娘，只会回答你两个字——明白！

二、绝不要忽视情感需求

1. 联系听众的纽带在哪里

J.P.摩根曾经说过这样一句话："看起来人们总是在用他们的头脑做理性的思考，

但事实上，他们在真正行动时所追随的，往往是他们的心。"在职场中，表达观点、讲述计划或描述产品时，除了要影响对方的头脑外，更重要的是能够打动人心，将情感注入表达之中，自然流露出情绪，提升表达的感化力。

无论是简单叙述、激烈辩论还是慷慨陈词，表达者的神形都应随着所讲述内容的变化而变化，富有情感性。这种情感应该发自表达者的内心，爱憎分明、喜怒分边、苦乐分界。没有表达者的情感投入，就不会有听众的情感付出。没有表达者的情感变化，也就难以激起听众的层层情感波澜。

一个月前，我有机会和国内知名的男高音歌唱家逯君老师一起吃饭。席间觥筹交错，气氛热烈，逯老师应大家的要求，清唱了一首《儿行千里》。这首歌一唱完，我发现在场的 11 个人都在静静地抹眼泪，包括我自己。因为逯老师的歌声中饱含的对母亲的热爱、思念之情，触碰到了每一个人内心深处那块柔软的地方。作为一名歌唱家，逯老师真正打动我们的不是他的专业唱功，而是这种共同的情感体验。可见，情感纽带能够迅速建立起你与听众之间的关系，让他们信任你，从而更易于接受你想要表达的内容。

2. 建立情感纽带的三种方法

在表达的过程中，如果你没有俘获听众的心，没有让他们对你表达的内容发自内心地认可，你会发现，听众不会真正采取你期望他们采取的行动。因此，作为表达者，你必须能发现听众的情感需求，并通过与听众建立情感纽带有效加以满足。

那么怎样才能与听众建立情感纽带呢？下面介绍三种具体的做法，希望可以帮到你。

(1) 表达意愿

在开始讲话之前，你要先将自己愿意与听众充分沟通、良好互动的意愿表达出来。这么做的好处很明显，就是能让听众感受到你的真诚，放下对你的心理防御，敞开心扉。比如，你可以这么说：

"我希望通过我的介绍，把我这三年来对这个主题的思考以及我的心得分享给大家，并且希望能够对各位有所帮助……"

或者，"领导，我知道您一直以来都非常关注这个问题，它对于部门的发展影响很大，因此我也一直在您的启发下思考这个问题。我从内部收集了一些资料，也从外部进行了小规模调查，从而得出了几个关键结论，我想提出来，也许对您的思考和决策有一点点帮助……"

再如，"在介绍产品和服务方案之前，我想对您说明的一点是，我最为关心的是我们的产品和服务是否真正能够为您以及您的企业带来好处、创造价值，这是我们设计产品、提供服务的出发点和最终归宿。所以，如果您在听的过程中有任何疑问，您可以随时打断我，提出来，我会非常乐意为您解答……"

请记住，在表达的过程中，以及在做最后总结的时候，一定要适时地表达你的意愿。诸如，"最后，我还是想在此表个态，我们一定会尽最大的努力，协助您完成这个项目"。

(2) 认可听众

即使处在听众的位置上，说话也绝对不是一个信息单向传递的过程，而是双向的沟通。听众非常在乎能否在这样一个双向交流的过程中被其他的听众，尤其是说话者认同，哪怕是在向上级汇报工作的过程中也是一样。你需要学会在合适的时候肯定你的听众，比如他们过往所做出的重大成绩、过程中提出了一个很好的问题、发表了一个很好的观点、配合你完成了一件事情，这些都是认可与表扬听众的黄金机会，能够拉近你和听众的距离，获得他们的支持。

在IBM工作的时候，我曾经为南方某家大型轨道交通企业提供过培训战略规划的咨询服务，他们希望通过IBM专业的培训健康度诊断以及咨询建议，帮助他们发现问题，有效提升效率。在接下来的访谈过程中，我发现他们企业的总经理（他亲自兼任企业大学负责人一职）对于自己企业的培训理念、培训管理水平在国内同行业的领先地位非常自信，且引以为豪。他认为IBM的服务对于企业而言属于"锦上添花"，而非"雪中送炭"。

经过深入调研，我们发现这家企业的培训管理水平并非像总经理所说的那么系统、全面，实际上存在很多亟待解决的问题，以及可以改善提升的方面。然而可以肯定的是，如果在汇报调研结果的时候，一上来就指出我们发现的问题，那位总经理肯定难以接受，甚至会产生抵触情绪。因此，我们基于数据和事实，总结出了这家企业与国内同行业相比，在培训战略、培训制度、培训流程、培训实施等方面领先的十大亮点，一一呈现；然后以国际一流轨道交通企业的培训管理水平作为对标，指出该企业存在的各种差距，以及下一步可以改善提升的四个重点。那位总经理欣然接受，觉得IBM的项目实在是"雪中送炭"，而非"锦上添花"，指示项目迅速上马，并亲自挂帅加以实施。

上面这个案例，充分贯彻了"认可听众的四原则"，又称做"SSIP原则"，由美国著名的演讲俱乐部TOASTMASTERS总结得来。

- Specific（具体的）：

对听众的认同必须建立在具体的事情上，而不是空泛地表达"我很赞同你的意见"。比如，"我们基于数据和事实，总结出了这家企业与国内同行业相比，在培训战略、培训制度、培训流程、培训实施等方面领先的十大亮点"，这就是对该企业一种具体的认同。具体的认同背后体现了表达者是否真正理解了听众分享的观点、提出的问题或者给予的建议。

- Sincere（真诚的）：

对听众的认可一定是发自表达者内心的，因为只有真诚的欣赏才能让表达者与听众之间产生真正的化学反应。

我的一位朋友是医药公司的销售经理，每次客户提到关于药品方面的问题时，他总是会用一句"这是一个很好的问题"来肯定对方。时间一长，他发现客户已经因为熟悉这种说辞而麻木了，甚至会觉得他非常虚伪，不够真诚。于是我给他提了一个建议，"这是一个很好的问题"其实有很多不同的表达方式：

- 这是一个很专业的问题！

- 您问到了问题的本质！

- 您的问题抓住了我们这个行业的关键！

- 您的这个问题在过去两年里一直困扰着我，可以说这是一个核心问题！

- 请问您是怎么想到要了解这个问题的？可以说这个行业几乎没有人会思考到这样的深度！

- Immediate（即时的）：

你还需要记住，对于听众的肯定必须就在当下！趁着新鲜热辣的时候，即时对你的听众给予认可,才能取得效用与价值的最大化。否则,等你讲完所有的内容,再回过头来想表达你的赞许时,黄花菜都已经凉了。

● Personalized(个性化的):

含蓄的听众只需要你一个肯定的眼神,或者一个赞赏的微笑,大张旗鼓的表扬反而有可能让他们如坐针毡,不知所措;外向的听众则需要你不吝赞美之词,因为他们喜欢享受万众瞩目的感觉。总之,对于听众的认同与肯定必须量体裁衣,度身制作。

(3)建立关系

中华民族非常注重建立与经营"关系",每个人都期望找到身份上的归属感,因为这种归属意味着自己和周围人独特的联结。一个流行的段子里说道,以下几种关系的人在情感联系上非常紧密——一同扛过枪、一度同过窗、一起分过赃……

用知名学者肖知兴的观点来说,关系由近及远可以划分为以下四层:

第一层是**血缘关系**,这是最近的一层关系,如你的父母、亲戚。如果你的听众是你的家人、亲戚,他们毫无疑问会是你最强有力的"粉丝"。但问题是,在职场中,与你对话的人基本上很少和你有血缘关系。

第二层是**地缘关系**,也就是老乡。在表达过程中,你可以通过和听众的互动,分析判断对方的口音,甚至直接询问对方的老家在哪里,来确认双方是否有地缘关系。

我曾参与过华为的一个组织发展领导力项目。在项目早期谈判的过程中,双方就项目范围以及项目需要界定的交付成果陷入胶着。谈着谈着,我突然发现对方项目经理的口音很熟悉,中间休息的时候,

一闲聊，发现他果然是我的老乡，而且居然毕业的时间都一样。有了对乡音和故土共同的、美好的回忆，接下来谈判的气氛就放松了不少，达成共识的难度也就下降了。

第三层是**业缘关系**，也就是所谓的同行、同业。对职场人而言，在出发向客户做产品介绍前，尝试分析一下客户所属的行业，再看看自己和那个行业过往有没有交集。如果能够找到，那么恭喜你，你一定有机会拉近和对方的心理距离。

多年以前，我是国内一家培训公司的合伙人，负责开发金融行业的客户。一次，我约了四大行某省行一位培训经理吃饭，尽管她的年纪不大，但自我感觉非常良好，觉得我们公司的实力不太能够匹配他们银行，言语中也多少有了一点怠慢之意。但聊着聊着，我提到了自己最开始在广东某建筑设计机构工作过，她说她的先生也是那个单位的，细说之下，原来我比她的先生早一年毕业进了那家设计院，而且当年和她先生是很好的朋友，曾经帮过他们一个大忙。如此一叙旧，她对我的态度就像是久别重逢的老朋友，专业上、商业上的话题很顺畅地就都打开了。

第四层是**学缘关系**。目前，越来越多的企业老总、民营企业家热衷于报读各类总裁班，其实除了学习充电以外，最大的目的之一就是找关系。之前极有可能是生意上的对手，但现在多了一重同学身份，大家的关系立马就缓和了许多。对于普通职场人也是一样，如果你发现你的听众当中有人是你的同学，甚至是师兄弟、师兄妹，你的同盟军无疑又扩大了。

看到这里，有心的读者一定会问，该如何发现自己和对方是有"关系"的呢？

我的答案就是——乔哈里视窗。

"乔哈里视窗"最初是由美国心理学家乔瑟夫·勒夫和哈里·英格拉姆提出来的。他们从自我概念的角度对人际沟通进行了深入研究,并根据"自己知道—自己不知"和"他人知道—他人不知"这两个维度,将人际沟通划分为公开区、盲目区、隐藏区和未知区四个区

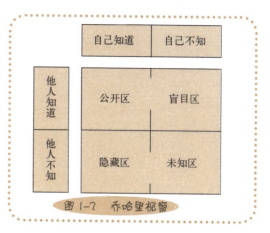

图1-2 乔哈里视窗

域(见图1-2)。真正而有效的沟通,只能在公开区进行,因为在此区域内,双方交流的资讯可以共享,沟通的效果也会令双方满意。

因此,在与听众互动的过程中,你要主动将自己的信息展现给对方,通过提问、探询的方式获得对方更多的信息,并在两类信息当中找到交集,也就是找到双方建立各种关系的基础所在。

找到你的职场贵人

对于年轻的职场人而言,人脉资源无疑是最为重要的资源之一。我们都羡慕那些在职业发展的道路上总是能够得到贵人相助的人。殊不知,贵人之所以成为他的贵人,而不是你的贵人,背后是有原因的。这个原因就是你和你的贵人有没有与众不同的"关系"。

无论是血缘关系、地缘关系还是业缘关系、学缘关系，各种关系的背后，其实是你与他人在身份上的某种共同点。只有独具慧眼的职场佼佼者，才能发掘或者建立与周围人的共同点。比如，都喜欢某个欧洲的城市、都喜欢阅读某个作者的小说、都曾经在某个城市生活过、都喜欢吃某种口味的菜、都养同一个品种的宠物狗……

这些共同点首先可以是你与他人关系当中的润滑剂，然后可以成为双方关系进一步深入发展的基础。如何有效把握，当然在于你自己是否用心去经营了。

我大学毕业后的第一份工作是在广东省一家建筑设计院担任院长办公室秘书，这份工作最大的一个挑战就在于协调和处理方方面面的关系。不到一年，我开始逐渐打开局面，大部分的业务部门负责人都能支持和配合我的工作，只有经营管理办公室的方科长始终对我不冷不热。

方科长是潮汕人，南方某知名高校的法律系研究生，工作上有思路、有方法、有激情，深受领导器重，年纪轻轻就被提拔为科长，可谓春风得意。但是，他在对待自己的下属和其他部门的同事时，态度上多少有点轻慢之意。

一天下午，我去方科长的办公室送一份文件，他的同事告诉我，方科长得了重感冒，中午连饭都没吃，在医务所开了点药就回单位宿舍休息去了。我心想，感冒了肯定没胃口吃饭，但喝一碗热粥，应该会对身体有帮助。于是我马上出门，在单位附近的潮汕餐厅打包了一钵砂锅粥（之前就经常看见方科长在这家餐厅吃饭），又买了点水果，去了方科长的宿舍。一进门，我对他说："方科长，听说您病了，吃不下饭，我给您打包了一钵粥，您趁热喝，发发汗，感冒应该很快就好的……"

方科长倚靠在床上，喝着热气腾腾的粥，对我说："小宋，你知道吗？我小的时候，每次感冒发烧，我妈妈就会用姜丝给我熬一碗粥，让我趁热喝。工作以后，因为忙,就再也没机会喝妈妈给我熬的粥了,今天,谢谢你……"我留意到,这时他的眼睛湿润了。

打那以后,方科长对我的态度发生了很大的转变,不但积极配合我的工作,还总是请我喝潮汕功夫茶,和我分享他的职场心得,指点我该如何改进工作中的不足。

三年后,我离开了设计院,带着方科长给我的建议和祝福。可以说方科长是我职场中的第一个贵人,这个贵人,当时就是这样被我用一钵砂锅粥"搞掂"的。

家庭小作业 请思考在你的企业中,谁最有可能成为你的职场贵人?你需要采取一些什么行动让他成为你的职场贵人?

延伸阅读 《哈佛管理前沿》、《哈佛管理通讯编辑组》编. 王一多译.《口才——赢得听众的艺术》. 北京:商务印书馆,2005.

第2节
寻找听众中的"自己人"

在中国这样一个强调关系讲究人情的社会,做很多事情都离不开"自己人",职场表达也不例外。在面向一群听众做报告时,如果你知道当中有几个人属于你的"铁杆"——你的观点和主张他们百分百支持;你在表达过程中出现失误时,他们会第一时间帮你救场而不会笑场;当你遇到来自其他"不明身份"的听众的挑战陷入

僵局时,他们会挺身而出,尝试帮你解围……你会不会淡定很多?一定会!

可是问题又来了,究竟谁是"自己人"呢?如果你认识听众的话,相对还好办些;如果每一个听众对你来说都是一张陌生的面孔,你又该如何通过观察和互动,去识别哪些听众对你心存好感,与你同一阵线,关键的时候会助你一臂之力呢?

一、听众满足正态分布

正态分布也叫常态分布,是连续型随机变量概率分布的一种。正态分布广泛存在于周围的世界,沟通表达中,记住正态分布对了解听众很有帮助。在面对一群听众表达自己的观点和主张时,基于听众和你之间的关系,可以把他们分为三类:支持者、中立者、反对者。这三类人在数量分布上通常会遵循正态分布的规律(见图1-3)。

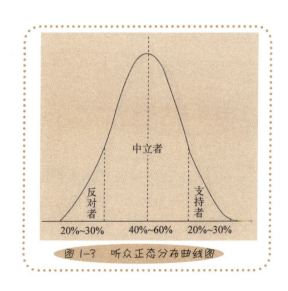

图1-3 听众正态分布曲线图

除了那种特别不招人待见的讨厌鬼,以及帅得让人掉下巴的明星,在你的听众当中,通常会有20%~30%的支持者。他们很有可能是你要好的同事兼好友,或者是和你观点相近、价值观趋同的人,这些人是你要大力争取的。

除了支持者外,当然还有反对者,通常也会占到20%~30%的比例。他们可能不赞同你的观点,希望当场与你"切磋"、"探讨",更麻烦的是他们可能对你有偏见,你使尽浑身解数也是徒劳。他们不仅会攻击你的观点或表达中的漏洞,甚至可能会从情感上对你表示抵触与抗议。这种情况一旦出现,你就一定要小心应对。

第三种听众就是中立者,他们希望尽量保持客观,不让情感左右自己的判断,因而处于观望状态。千万别忘记,在你的听众中,中立者是最多的。对于以下三点,你在开口说话之前,就应该已经知道。

第一,无论是向客户汇报方案,还是对同事们陈述观点,你都会有"朋友"、有"敌人"。你需要了解到底谁是你的"朋友",谁可能会是你的"敌人"?你的"朋友"关心什么,你的"敌人"又有可能从哪些方面来攻击你?正如同眼下风行的"三国杀"游戏一样,身为主公的你,必须是一个智慧的明主。

如何在听众中间找到"自己人",并且让"自己人"力挺你,这绝对是一门技术活,本书将在后面的章节中为你详细讲述。

第二,任何时候都不要试图把所有的"敌人"通通拿下。有些人希望在表达的全程中,所有人都支持他、认同他,听不得半点反对的声音,即便这点反对的声音来自他的朋友。一旦有反对者跳出来,他势必要捍卫自己的观点与立场。殊不知,过分纠缠于和反对者的辩论,其实无益于自己最后的胜利。想明白了这一点,你便可以顺势放下自己的思想包袱,以更为豁达开朗的心情来面对表达过程中的不同声音。告诉自己,你不是那个把内裤穿在外面、能量大到足以拯救世界的救世主。

当然,有时你还可能遇到"打酱油"的听众,这时你的情绪就更不应该被影响了。

杨老师是我的朋友,专攻销售类课程,年轻又有激情。有一次杨老师在深圳给某企业讲课,课程进行了半小时后,一位年轻貌美的女学员蹬着高跟鞋匆匆地走了进来,坐在最后一排。一分钟后,杨老师留意到这位学员柳眉紧锁,哗哗地翻动桌面上的学员讲义,又不时地和身边的一位男生嘀咕几句,好像对内容非常不满意。

15分钟后,让杨老师无法接受的事情发生了,女学员匆匆收拾好东西,连讲义也不拿,拎着包离开了教室。杨老师的心往下坠的同时就在想,女学员对他的内容不感兴趣?他讲得不好?他长得不帅?讲课的热情急剧下降。好不容易熬到课间休息,他走过去问其他学员,答曰那位粗心的女学员是隔壁班的,刚才走错了教室。杨老师暗叫一声惭愧,一个小插曲,竟然影响了自己大半个早上的授课心情,着实不应该。

第三,大多数听众属于中立者。他们有自己的判断和价值主张,不会轻易把票投给你,除非你能够从他们的逻辑需求或者情感需求出发,争取他们的支持,让他们顺理成章地投奔到你的阵营中来。

二、"自己人"在哪里?

面对前面提到的三类听众,你首先应该找到的肯定是支持者。因为他们能够帮助你安定情绪,增强自信,把控整体局面,还能协助你将那些中立的听众拉拢过来,变为你的"粉丝"。现在的问题是,你该如何去做,才能顺利地分辨出反对者,找到听众中的"自己人"呢?

洞察人心的第二规则:敏于观察,细节告诉你听众真正的想法!

> **洞察人心的第二规则**
> 敏于观察,细节告诉你听众真正的想法!

洞察人心的第一规则告诉表达者,必须用"左脑"和"右脑"思考听众的逻辑需求和情感需求,第二规则的秘诀则在于用双眼观察听众的神情举止、身体语言,因为听众真正的想法就隐藏在其中。只有敏锐的表达者才能通过观察,辨识在那个场合下,哪些是为你加油打气的支持者,哪些是随时准备跳出来破坏你辛苦营造的融洽气氛的挑战者。

10年前,我曾在一家外企的人力资源部担任培训主管,需要负责的一个重要项目就是新员工培训,主要内容是由各部门的内部讲师向新员工讲解与介绍公司各部门的相关制度、流程与政策,从而尽快开展跨部门的沟通与协调工作。人力资源部内部讲师Esther在公司服务了近10年,非常熟悉公司的历史、发展以及人力资源的各个方面。照理说,她非常适合担任内部讲师来与新员工分享,可是她的"死穴"就是,一面对生人讲话就紧张,即使这个主题她闭着眼睛都可以讲。这个心结使得每个季度的新员工培训对她来说都是一场煎熬,以致她形成了一句口头禅——早死早超生!

我记得那是2003年7月的一次新员工培训,又轮到Esther讲授人力资源政策这个模块了。只见她如同往常一样,面无表情地走到讲台上,一屁股坐在笔记本电脑的后面,开始照本宣科。我留意到她的手在颤抖,紧张情绪在她的内心深处蔓延。她的眼睛一会儿看

看电脑，一会儿看看天花板，一会儿看看地板，就是不看听众。我坐在教室的最后一排，突然，她的眼睛终于看到了我，整个会场里面她唯一认识的人。我迎着她求助般的目光，对着她微笑、点头，同时竖起大拇指，示意她进展得很好。这时，她的情绪逐渐放松下来，嘴角有了一丝笑意。再接下来，只要她的目光看到我，我就对着她微笑、点头，给予她积极正向的力量。

15分钟后，奇迹出现了，Esther居然从电脑后面站了起来，走到新同事的跟前，开始和他们面对面地沟通，解答他们的问题。30分钟后，我发现她已经和整个会场融为一体，轻松地和大家开着玩笑，鼓励大家向她提问……

当天中午，我回到办公室，看到电脑台上留着一张Esther写给我的便条：

Stanley（我的英文名字），今天的介绍是我感觉最棒的一次！真的谢谢你，当我看着你的时候，你的点头和微笑，包括竖起的大拇指，给予了我很大的鼓励！我想下一次，你最好还能坐在后面给我打气（·^_^·）嘻嘻……

如Esther所愿，第二次、第三次我依然作为支持者，坐在会场的后面，给她微笑和肯定。再后来，她学会了如何从一群陌生的听众当中寻找自己的支持者，我知道她可以不再需要我这根"拐杖"了。她再也没说过"早死早超生"之类的话，反而偶尔会在茶水间问我："Stanley，咱们下次的新人培训是什么时候？"

1. 熊出没，请注意

除了留意观察谁是你的支持者，你也需要留神反对者在哪里。很多时候，你的表达功亏一篑，就是因为没有及时发现一些早已出现的苗头。正所谓山雨欲来风满

楼,在表达过程中,你不必等到反对者跳出来的那一刻,才开始手忙脚乱地去救火,4个预警信号助你有效判断:

(1) 撤回目光

如果听众对你所表达的内容感觉良好,他们会目光柔和地注视你,与你的眼神进行交流。倘若他们感觉不舒服,就会下意识地避免与你有目光接触。当你留意到听众开始向窗外看,甚至是频频低头看手表、玩手机时,警报就拉响了。

(2) 发出声响

倘若听众发出的声响是附和你的观点,诸如嗯、哦、对……你该庆幸一切尽在掌控;如果他们制造出用力清嗓子、咳嗽或打哈欠之类的声响时,那是在提醒你他们可能有些不耐烦,也有可能是房间太闷,或者双方坐的时间太长,造成脑部缺氧。

(3) 不安静

坐在你对面的支持者情绪上绝对不会太烦躁。如果不知道什么原因,听众开始跺脚、挪椅子,或不停地转动手中的笔,发出"啪、啪、啪"的声音时,都是开始烦躁的表现。

(4) 诘问或离开

如果听众饶有兴趣地问你某个问题,那说明他一定在意你讲的内容。但如果某位仁兄以当众诘问或突然离开来破坏你的表达,这便是他制造紧张气氛或者心情不爽最明显不过的表示方式。

2. N-N理论说明了什么?

除了以上4个预警信号外,哈佛大学研究演讲心理学的学者们还开发出一个

N–N理论，同样是表达者应该掌握的有力武器。第一个N代表的是鼻子（Nose），第二个N代表的是肚脐（Navel）。判断的方法很简单，如果听众的两个N一致朝向你所在的那个方向，那么恭喜你；如果他的鼻子冲着你，肚脐所代表的身体的方向却是对着会议室或者办公室的门，那么他极有可能是表面上平静，心里面却在倒计时你会什么时候结束。

2005年，我带着两位顾问向康佳集团手机事业部的总经理汇报内部讲师体系的项目。这个项目是康佳学院与手机事业部共同推动的精品项目，高层很重视。前半程的汇报非常顺利，总经理还饶有兴趣地问了两个专业上的细节问题。忽然来了个电话，总经理听了一分钟后，对着手机吼了一句："你必须把这件事情搞定，否则我撤了你！"掐了电话，他顺手就把手机拍在会议桌上，示意我继续。

我一边继续讲，一边观察，发现坐在我对面的总经理开始有点心不在焉了，很显然，刚才的电话对他的情绪有很大的影响。10分钟后，我留意到他虽然还在注视着我，但身体却扭向了会议室门口的方向。果不其然，他礼节性地等我介绍完后面的内容，对我说："抱歉啊，宋老师，我先去处理些事儿，你们继续，回头请康佳学院的同事再把结果告诉我即可。"

他离开之后，康佳学院的同事解释道，最近总经理因为销售任务重，市场压力又大，头发都白了不少，这不，又得上前线救火去了……我当然完全可以理解，这一点，总经理接完电话之后的身体语言变化就已将之暴露无遗。

洞察人心的第三规则：发挥人际敏感度，拉近心理距离。

洞察人心的第三规则
发挥人际敏感度，拉近心理距离。

除了用脑思考、用眼观察外，你还必须学习用心去感受和体会听众的心理。洞察人心的第三规则将教会你如何有效地发挥人际敏感度，不断拉近与听众的心理距离，从而有效地建设"自己人"队伍。

三年前，领导让我对公司银行部的中高层人员实施一次年度培训需求访谈，希望能够通过这次访谈，把握公司银行部所代表的公司银行业务序列2010年度的培训工作重点。领导告诉我，公司银行部的黄总是重点访谈对象，必须尽量掌握他的想法，同时要让他对开展培训工作给予更大的支持。

于是在访谈开始前，我除了设计一份全面细致的调研问卷外，还登录人力资源管理系统，详细了解黄总的个人情况与职业履历，其中有几项信息，我觉得非常关键：

黄总是江西吉安人，和我是老乡；

黄总1994年毕业于江西工业大学，高我四届毕业，是我的同门师兄；

黄总本科毕业后即加入银行工作，从一线业务做起，脚踏实地，先后担任过支行、分行业务部门的一把手，然后才成为业务管理部门的负责人。

以上三点信息当中，前面两点毫无疑问是可以用来拉近距离、提升亲和力的；第三点则说明黄总一定是一位非常关心业务的领导，

和他讨论培训需求，一定要从培训如何能够有效地推动业务提升这个角度出发，让他充分感受到开展培训工作能够为他带来价值，才能让他以及他所领导的公司银行部成为人力资源部门真正意义上的同盟军。

研讨会在公司银行部的会议室举行。开始前的20分钟，我拿了一盒江西婺源的茶叶，提前去了黄总的办公室。当黄总知道我也是江西人，同时还是他的同门师弟时，很热情地招呼我坐下，问我从IBM到民生银行是否习惯，是否需要帮助，等等。交谈过程中，他还告诉我，当年他上大学的时候，是校学生会主席，叱咤风云，风头强劲，步入社会后，在银行系统一步一个脚印，做好业务管理工作，感触甚多。经过短短20分钟的交流，我感觉到我和黄总在心理距离上拉近了很多。

由于破冰的工作做得充分，在接下来的培训需求访谈会上，黄总对我们知无不言，非常诚恳。我清楚他最为关心的还是培训如何能够推动业务的成长与发展，因此，所有的话题都是围绕这一主题展开，原本一个小时的访谈会，因为讨论热烈而开了两个半小时，就2010年公司业务的培训战略与重点达成一致。会议结束时，黄总拍着我的肩膀说："师弟，好好干，工作中有什么问题，尽管来找我！"

三、把"中间人"发展为"自己人"

正常情况下，你所面对的大部分听众都属于"中间人"，他们可能成为你的新粉丝，当然也有可能投入你的反对者阵营之中。关键就在于你如何引导与感染听众，这里面可大有学问。

1."自己人"的价值

要想把中间人变为自己人，除了充分调动你的脑、眼、心之外，还要充分运用听众中的自己人。有时候，"自己人"对"中间人"发挥的影响力甚至比表达者本人还要大。

有一年，我们帮广州移动实施了一个项目——测评营业厅员工的能力。项目做完后，我们针对测评结果加以分析，并就分析内容向广州移动人力资源部培训室的负责人进行汇报。对方一共有三个人听报告，其中包括室经理在内的两个人从项目最开始的投标阶段就参与进来，对于项目的方法论、范围以及分析报告的结构都非常认同，属于自己人行列；第三位则是中途加入培训室，之前也从来没参与、了解过这个项目，只是到了最后阶段一起来听汇报，算是中间人。

我讲完之后，循例问大家有没有问题，这时中间人就问了一个他自认为很专业的问题："营业厅员工能力素质模型要求他们掌握九项核心能力，为什么你们的建议只要我们关注这三项呢？"我还在犹豫如何回应他这个问题，但见坐在室经理一旁的"自己人"侧过脸，对这位仁兄说了四个字："二八法则。"① 顿时"中间人"做恍然大悟状，再也没有其他问题了。

---

① "二八法则"由 20 世纪初意大利统计学家、经济学家维尔弗雷多·帕累托提出来。他指出：在任何特定群体中，重要的因子通常只占少数，而不重要的因子则占多数，因此只要能控制具有重要性的少数因子即能控制全局。这个原理经过多年的演化，已变成当今管理学界熟知的二八法则——即80%的公司利润来自20%的重要客户，其余20%的利润则来自80%的普通客户。

2. 名字的妙用

名字对于中国人意义非凡，自古以来，为君王讳，为长辈讳。直至今日，在很多正式场合直呼他人名字，还是被视为非常不礼貌的一件事情。不过，在表达的过程中，你可以根据实际情况，围绕听众的名字小小地做一番文章。

（1）去掉姓，称呼名

这是很常规，但往往也是很见效的一种方法。在表达的过程中，或者与听众交流时，直接称呼对方的名字，易于拉近和对方的关系，让对方觉得你亲切、容易接近。但值得注意的是，称呼异性听众的名字时要谨慎，处理不当或者关系未到，会有暧昧的嫌疑，反而适得其反。

我在经营培训公司的时候，有一次一位中年男老师来给我们介绍课程，过程中为了向大家示好，对每个人都称呼名字，不论男女。有一位女同事叫李美阳，平时大家都叫她的英文名字youngyoung，这位老师则一口一个"美阳"地叫，而"美阳"平时只有她的亲密男友才会如此称呼，让李美阳很是尴尬。

（2）利用名人效应

中国人重名的概率非常高，从古到今，基本上每个名字背后都站着数以万计、十万计的重名者。如果你恰好知道听众的名字和历朝历代某个大政治家、大文学家、大艺术家、大发明家重名，或者是接近，你都可以在合适的时机用合适的方式表达出来。既可以小小地满足一下对方的虚荣心，又可以拉近彼此的关系。

（3）利用亲人、友人效应

此效应的原理与利用名人效应差不多，如果你发现听众的名字和你的某位亲人、朋友或者同事的名字差不多，甚至重名，你也可以巧妙地表达一下（见图1-4）。每个感性的人都会有意无意地做角色带入，当你告诉对方，你的一位关系非常密切的朋友和他同名时，对方就会觉得自己就是那位和你关系亲密的朋友，接下来，他的行为和观点就会反映出你们关系的亲密程度。

(4) 赞美听众的名字

每个人的名字都是父母或者长辈起的，代表了他们对晚辈的一种期望或者祝福。如果某个听众的名字既文雅又有才情，比如吹雪、孤城、楚留香、晓凤……你不妨夸夸他的名字。

图 1-4

缺乏人际敏感度，小心蹲"冷宫"

职场上的每一位年轻人都需要不断地提升自己的人际敏感度，才能在和领导、同事相处时，体会到人际交往当中微妙的地方，并能够把握住人际关系的主动权。

还是在设计院工作的时候，我就有过一段因为缺乏人际敏感度，触犯了一位顶头上司，导致被打入"冷宫"的经历。那是我工作的第二年，院长办公室黄主任被

提拔去了广州市市政府工作,接替他职务的是之前的党委工作部王副主任。在王主任履新之后,周围的同事曾经很委婉地告诉我,王主任和之前的黄主任关系不好,两人总是在明争暗斗,包括这一次的晋升机会也是。他们叮嘱我在平时相处中,或者汇报工作时一定要多注意。当时由于年轻,缺乏人际敏感度这根弦,我完全没有在意,觉得自己是黄主任百里挑一亲手选中的,而且现在他又高升去了市政府,王主任对我肯定会另眼相待。

一天下午下班后,我在办公室帮黄主任翻译一份英文试卷,当时他正在准备考在职博士,英语不好,需要恶补。这时王主任走过我的位子看见了,顺口问道:"小宋,你怎么还不回去,这么用功?"我随口回答说我在帮黄主任翻译一份试卷,他着急要看。王主任一听,脸色骤然大变,怒眉横竖,呵斥道:"上班时间你怎么能干这一类的私活呢?你太不像话,太让我失望了!去,马上给我着手准备下个月林总去北京出差的讲话材料,我明天一早就要看到整理好的材料出现在我的桌面上!"说完,王主任扬长而去,只留下我一个人目瞪口呆地坐在位子上。

我知道,这回我的麻烦大了……

家庭小作业　在开始你的下一次重要表达前,运用洞察人心的第三规则,为自己找到有力的支持者,提升表达的效果。

延伸阅读　罗伯特·西奥迪尼著.闾佳译.《影响力》(教材版).北京:中国人民大学出版社,2011.

第3节
抓住关键人物的耳朵

听众中有一类人，你千万要打起十二分精神来应付，那就是关键人物。他们有多重要呢？可以这样说，你的目的能不能达到，你的意见会不会被听取，你的话有没有白说，80%以上可能都取决于这个人！接下来，我就和大家重点探讨一下如何才能抓住关键人物的耳朵，在表达中取得他们的信任与支持。

一、巧妙运用二八法则

请回想一下：你一个月的总支出中，有多少是花费在吃饭、住房这两项上？你一个月中，有多少时间是和那么几个特定的人一起度过的？你所有的成绩中，有多大一部分来自于特定的那么一段时间的努力？

对于这几个问题，我相信很多人的答案会和我的很相似：大部分的支出是用于吃饭和住房，绝大多数时间是和那么五六个人在一起，所得到的成绩绝大部分是源于那么几周的努力……如果把类似的问题扩展到生活的每一个方面，会得到更多类似的答案。

大部分的人都会感觉到生活中存在一种很奇妙的不平衡：似乎所有的生活，都集中在那么极少数的时间、空间和人、事、物之上。如果结合具体的数据来精确表示的话，应该说：80%的生活，集中在20%的时间、空间和人、事、物之上。这就是神奇的二八法则的一种表现。

二八法则在这个社会中随处可见：20%的人享用了80%的财富，20%的客户为企业做出了80%的贡献，20%的品牌占有了80%的市场……对人们而言，二八法则早已不再陌生。这一神奇的法则在得到普遍认同的同时，也改变了人们的思维方式：既然存在着这种不平衡，只要准确地抓住这关键的20%，就能达到80%的效果！把这一法则运用到表达中，就成了在表达过程中，每一位表达者都必须密切关注20%的关键人物的想法与主张，因为他们对于表达的结果产生了80%的影响。

二、打动关键人物的三个关键方法

如果听众都是你平时所熟知或有所了解的，你自然能够有效运用二八法则，基于对方的职务、资历、年龄、影响力等，区分出谁是你必须紧紧抓住的关键人物。接下来的问题就是——如何才能通过良好的表达打动他们呢？答案很简单：第一，用你的"脑"，想其所想；第二，用你的"心"，投其所好；第三，用你的"口"，说其欲说。

1. 开动脑筋，想其所想

先来看一个有关这方面的成功案例：

一位朋友在国内工作了5年，接着赴美留学，毕业后在美国找到了一份非常不错的工作，在一家私人金融机构负责预算管理。回国探亲的时候朋友小聚，他和我们分享他的电话面试经历。

面试官当时了解完这哥们的一些基本情况后，开门见山地问了一个核心问题："你过去是怎么做预算的？"答曰："结合企业的发展战略，核心在于体现领导的重点意图。"面试官闻之大喜，说其他人都想着如何自下而上、统计汇总云云，只有他心系领导、胸有大局，直接问他第二天能来报到吗？

听他叙述完这段经历，我辈均用斗大的眼睛瞪着他，个别喝多的兄弟下巴都快掉下来了，追问没有其他问题了吗？他摇头说再没有了。

这个案例告诉我们，牵牛要牵牛鼻子，想领导之所想不仅是中国特色，国际也在和咱们中国接轨。

2008年，我在IBM担任人力资本咨询资深顾问，听说同事小吴接手北京某餐饮企业人力资源转型项目，担任项目经理。我有些不解，这个项目不是两个月前就已经启动了吗？按照正常的项目流程，应该都能向客户交付一些过程文件了。小吴告诉我，之前的项目经理就项目目标、范围以及需要交付的成果，没有与客户的管理层达成一致，有些误会，以致客户方CEO一生气，要求更换项目经理，于是她就被派去救火了。

我很纳闷，于是问她："你去救火了，居然还有时间来参加培训？不是应该在客户公司那儿通宵达旦地开会和做PPT吗？"她笑着说："我驻场两周，研究清楚了这家企业，也细细地梳理了一遍前期我们和客户开会讨论的材料，发现我们和客户在专业上的分歧并不大，主要问题可能是之前的项目经理对于对方企业的文化、价值观，包括管理理念方面理解不太够，所以和客户难以达成共识。我

上周末和他们开了一次协调会,已经取得了他们的谅解和支持。"

我这时就来了兴趣,追问她是如何做到的,让她快说来听听。小吴喝了口茶,接着说道:"这家企业的CEO也是他们的创始人,白手起家做到现在的规模,非常了不起,在行业内口碑也很好。我读过他谈做企业和做人的一篇心得,提到了他自己的两个核心价值观:责己与感恩。意思是出现问题的时候首先要学会从自己身上找原因,而不是把责任都向外推;做出成绩的时候要知道感谢自己的同事、下属以及领导,是他们帮助与支持的结果,而不是自己单打独斗出来的。"

我问小吴,这对她的启发是什么?小吴说:"首先,我非常认同他的这两点价值观,事实上,我也是这么要求自己的。在上周末的会议上,我想我的一番话打动了CEO。我是这么说的:'作为新的项目经理,首先我想向贵公司的CEO以及项目团队真诚地致歉!是我的原因导致这个项目的进展严重滞后,我在这里表个态,我们项目团队一定会承担责任,确保项目成果正常交付!其次,我要对贵公司的项目团队表示感谢,从上周开始,双方通力合作,重新梳理清楚了项目的范围与目标,并且协助我们开展了大量的工作,可以说,如果没有你们的配合,我们无法高效地工作。接下来,我想向管理层汇报一下我们现在的想法与计划……'说到这,我特意观察了一下CEO的反应,发现他原本凝重的神情已经放松了下来,很显然,我的这一番话说到了他的心坎里面。解开心结之后,很快的,我们就项目的专业问题达成共识,所以接下来的任务就在正常的轨道上进行了。"

相信小吴分享的这段工作经历同样会带给你启发——在职场中，琢磨关键人物的想法，表达与其理念契合的观点，就能够相对容易地得到他的信任与支持。

2.用心揣摩，投其所好

还记得J.P.摩根的至理名言吗？人们用大脑思考，但追随的是自己的心。关键人物也是如此。光是想其所想还不够，还必须做到用心揣摩，投其所好。

> 2006年，我在一家管理顾问公司担任合伙人。由于公司内训业务发展迅速，需要为培训研发部门补充人手。在和公司的另外一位合伙人刘总共同面试的众多候选人当中，Queen是给我们留下印象最为深刻的一位。
>
> Queen在一家外资船务公司担任培训专员，非常热爱培训这个行业，打算在这个行业里做长远的发展，虽然她的简历不算太突出，三年的工作经验也没有太多的说服力，但她却成功地打动了我。当我问她对她影响比较大的书是什么时，她回答说是《心理月刊》，她每期都会买来阅读。我追问《心理月刊》对她的帮助和提升又是什么呢？她说，专业上的帮助体现在培训课程的研发人员需要掌握一定的心理学知识；生活和工作中的帮助在于《心理月刊》能够让她更加智慧地观察他人，通过分析他人的行为举止、言谈仪表，判断他们内在的风格与偏好。
>
> 我心里暗暗对她的观点表示认可，同时又想再挑战她一下，于是问道："那么你来观察观察刘总，说说看我们刘总的风格是什么？"我以为小姑娘不会接我的问题，没想到，她很认真地打量刘

总一会儿,从上至下看了一遍,然后对我说:"宋总,我觉得刘总在生活中一定是一个追求生活品质的人,在工作上刘总的完美主义倾向会表现得比较突出。"我追问她何以见得?她解释道:"我留意到刘总的鞋子是ECCO的,衬衣是POLO的,都是品质很好,强调舒适感的牌子,既不张扬,又符合刘总的身份;再加上衬衣熨烫得很妥帖,而且用的是袖扣,显得非常有品位,且与众不同;还有就是刘总的眼镜非常干净,尤其是镜架和镜框。我知道很多男士都很容易忽略这方面的细节,但是刘总却很注意,因此刘总一定是个注重细节,同时又追求完美主义的人士。宋总,您觉得我说得对吗?"

听完Queen的这番表述,我开始觉得这个小姑娘的观察力和表达力还真是不错,最重要的是,她在展现自我的同时,不露痕迹地夸了刘总,让刘总心里感觉很舒服。我想你们一定猜到了,Queen最终获得了她想要的那个职位。

我在民生银行广州分行工作的时候,与IBM全球企业咨询服务部合作,实施开展提升顾问式销售能力的培训项目,取得了很不错的效果,参加培训的同事都反映效果很好。年底,我们就一整年的关键培训项目成果向主管人力资源工作的吴行长进行汇报。汇报之前,我就一直在想如何才能真正让他认为我们的培训对提升业务有实际的推动作用。

吴行长从事商业银行管理很多年,是一位非常资深的银行高管,平时最为关心的除了数据还是数据。当我们向他汇报工作的时候,他肯定会尝试从汇报的内容中找到对证明经营结果有力的数据。如果缺乏具体数据,他会认为分析得还不够深入透彻,没有把握住本质,也就没有办法很有效地打动他。

站在吴行长的角度,如果仅仅告诉吴行长,学员的评价都很积极、满意度都很高,他肯定不会认同这个培训项目是真正有价值的。相反,他一定会关注实施培训之后,学员的销售业绩是否有相应的改变和提升,并以此来判断这个项目是否有价值。

于是我以参加培训的29名学员为样本,分析他们在一季度参加完培训后,二、三季度的业绩情况,将采集的数据用箱线图①加以展现(见图1-5),并辅以表格描述(见表1-1)。从表中所列第一、二、三季度的业绩数据中可以看到,最小值、下四分位数、中位数、

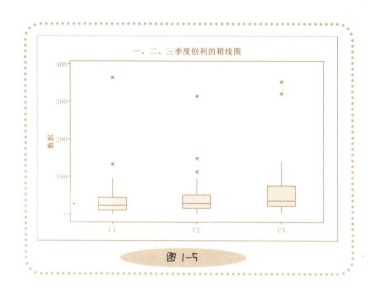

图1-5

---

① 箱线图是利用数据中的最小值、下四分位数、中位数、上四分位数与最大值五个统计量来描述数据的一种方法。通过箱线图可以粗略地看出数据是否具有对称性、分布的分散程度等信息,特别适用于对几个样本进行比较。

上四分位数都在逐步提升，培训效果可谓一目了然。吴行长看了以后，频频点头，说今后的培训就应该这么开展，让我放手去做，他全力支持！

表1-1　一、二、三季度描述性统计表（单位：万元）

变量 季度	N	N*	平均值	平均值标准误	标准差	最小值	下四分位数	中位数	上四分位数	最大值
一季度	29	0	43.8	12.9	69.2	0.1	9.6	22.2	44.6	364.1
二季度	29	0	47.9	11.4	61.3	0.1	15.6	27.7	51.8	313.9
三季度	29	0	66.7	15.4	83.1	0.6	20.9	35.7	75.1	352.6

（注：数据经过了适当加工处理。）

3. 巧妙引述，说其欲说

从心理学的角度分析，每个人都喜欢自己说过的话被别人牢牢记住，也喜欢别人在表达的时候引述自己说过的话。有时哪怕是他明明没有这么说过，但你只要说"如同你之前所说的那样……"他也还是会欣然接受，很多关键人物更是有这方面的偏好。作为表达者，学会善加利用这种心理，一定会对表达有所裨益。

2004年，我在众行管理顾问有限公司担任培训研发中心总监，为深圳华侨城欢乐谷——一家大型的主题公园实施他们当年度的重点项目（制定"欢乐谷园区九大岗位服务标准"）。

当时，欢乐谷作为国内一家知名的主题公园，期望通过不断提升园区内各个岗位的服务质量，带给游客更好的服务体验，从而打造更好的品牌知名度。欢乐谷的管理层通过考察美国、日本等地的迪士尼乐园,发现标杆企业的服务标准很完善,而且对服务标准的执行非常全面、到位。于是欢乐谷的于总下决心和我们公司合作,开展岗位服务标准的制定工作。

项目于 2004 年 7 月启动,我作为项目负责人,带着三位项目顾问来到欢乐谷,通过大量的现场实地调研,同时借鉴了包括迪士尼、香港海洋公园在内的知名主题公园的服务体系,基于不同的服务场景,按照岗前、岗中、离岗时与离岗后四个阶段,为欢乐谷园区内的九大服务岗位制定了详细可行的服务规范与标准。

然而在项目成果汇报会上,对于新制定的岗位服务标准,欢乐谷内部形成了两派意见,一派是以人力资源部为代表的支持派,他们坚信服务标准能够提升服务水准;一派是园区内几个服务部门的经理人员组成的反对派,他们一直在挑战新制定的服务标准的科学性与规范性,同时认为新的服务标准会给园区内的一线工作人员增加很大的工作量。作为本次项目的发起人和赞助人,于总在双方辩论的过程中,一直没有发表他的观点。我深知于总本人是支持推行新的服务标准的,但似乎又不愿意让各服务部门的管理人员感觉他是在强行推动这个项目。

双方发现谁都无法说服对方,辩论的声音逐渐低了下来,开始将目光投向于总,似乎这时候需要领导来表态了。我知道于总这时候的态度决定了我们的项目成果能否顺利通过,于是我抢过话头说:"在我们做项目访谈的时候,于总的一段话让我印象非常深刻,也是我认为欢乐谷能够大力推动服务标准的关键所在,那就是——手举

起来，一定会比头要高！制定服务标准的目的不是为了导入一套多么系统、高明的理论，而是为了能够在服务现场规范化、高水平地执行我们的服务，同时在执行的过程中发现服务标准存在的问题，不断优化与改善，这样才能形成一个良性循环。"

我留意到，在我说这番话的时候，于总频频点头，持反对声音的几位经理人员见状也不再对我发起挑战，因为所有人都看得出来，我所说的，正是于总所想的。接下来，于总顺着我的话，强调了实施服务标准的意义与当中可能存在的问题。最终，新制定的服务标准顺利地在欢乐谷园区内全面推行，取得了很好的效果。

（后记：2010年，我以游客的身份再次来到欢乐谷，体验欢乐谷的服务，让我感到欣慰的是，园区内服务人员的精神风貌高涨，服务标准执行得非常到位！）

三、表达者的关键任务——识别关键人物

以上是我跟大家分享的打动关键人物的三种方法，前提是你能够从听众当中区分出谁是你的关键人物。可问题是，如果你是销售人员，经常三天两头跑客户，尤其是面对一群陌生的客户介绍公司和产品时，你如何能够有效地识别哪些是你最该去影响的关键人物呢？

1. 交换名片

毫无疑问，交换名片是最直接，同时也是最见效的方法。名片上印着职务与头

衔,一圈名片换下来,有经验的表达者对于谁是主角谁是配角,基本都会心中有数。当然,这也是最没有技术含量的一个方法。

2. 座位的次序

如果没有机会和对方交换名片,你可以观察听众座位的次序。需要强调的一点是,这个方法和企业文化的关联度很大,相对而言更加适用于官僚等级文化导向的组织。在这一类组织当中,位次和水泊梁山好汉的排名一样,是绝对不会搞错的,也绝对不允许搞错。因此,面对这样一排听众,闭上眼睛你都知道,正中间那位就是最核心的关键人物。

3. 发言、提问的顺序

在表达的过程中,你也可以通过听众与你互动时发言或者提问的顺序加以判断。通常来说,关键人物自重身份,不会第一个发表观点或者提问。他们一旦发言,基本上就已经对你所表达的内容盖棺论定了;他们一旦提问,基本上都会是你需要全力以赴、重点回应的核心问题。

我个人的经验是,如果你问听众"请问大家有没有什么问题",这时,绝大多数人的眼光都会去找那个关键人物,同时看看他的表情和反应。如果他示意问,就会劈里啪啦地冒出众多问题来,等到这些问题回应得差不多了,正主儿才会踱步登场,与表达者从容过招。

4. 细致入微的观察

如同西方谚语所说,"魔鬼藏在细节中"。识别关键人物,也需要通过细致入微的观察。从对方的衣着打扮、行为举止、表达习惯、随身物品等方面入手,从众多

听众当中精准定位,找到关键人物。

2005年,我接到了重庆电力公司市场营销部工作人员的电话,邀请我们作为备选供应商之一,参与他们服务管理体系构建项目投标的前期讨论。在此之前,我们从来没有和重庆电力打过交道,细问之下,他们原来是通过我们出版的相关的音像产品与书籍找到了我们。尽管未曾谋面,更谈不上就服务管理体系有什么交流,重庆电力还是诚意地邀请我们和他们进行前期交流。我知道,如果能够有机会和重庆电力这样的特大型企业交流,乃至参与他们后续的投标,对我们公司而言是一件非常有价值的事情,即便我们最后中不了标,依然能够为以后和他们开展培训和咨询服务打下坚实的基础。

经过一番紧张的准备,我如期出现在重庆电力的交流会现场。除了前期电话和邮件沟通过的联系人外,现场还有四位主要的与会者:三位男士、一位女士。由于安排交流的供应商较多,现场没有交换名片的环节。坐定之后,我开始观察对面四人,希望能从中找出最有分量、能够决定哪家顾问公司获得投标资格的市场营销部总经理。很快,我就有了自己的判断。四人当中,三人着职业套装,只有一人穿着T恤——一件宝姿的名牌T恤,戴着一块绝对可以排在世界名表前三位的手表,桌面上没有放任何资料,只有一盒香烟和一只考究的打火机。毋庸置疑,这位一定是我最需要关注和影响的决策者。

接下来45分钟的呈现,我开始重点关注他对于我所演示内容的反应,但他始终面无表情,看不出他内心真实的想法。开始呈现后没多久,他的电话响了,他走出了会场,10分钟后,又快步地走了回来。一看他落座,我停了下来,对他说:"抱歉,刚才您走开的时候,我正好和您的几位同事分享了我们关于服务体系建设的关键模型,我再就最为核心的部分向您重点汇报一下。"对方一愣,旋即点头,于是我专门对他又做了讲解。

一周以后,重庆电力的工作人员又打通了我的手机,恭喜我们从10家备选的咨询公司中脱颖而出,获得了投标资格。他还附带说了一句:"熊总(那天现场的老大)对你的印象不错,觉得你很认真、很负责,你们要好好准备投标哦!"

尽管最后由于实力的差距,我们未能从投标中胜出,但还是为之后与重庆电力合作打下了很好的基础。

职场感悟

请给老板选择题,而非开放式问题

很多时候,作为普通员工,都需要向老板请示工作。但如何把请示工作做得有艺术、有水平,那就非常有讲究了。通常而言,请示工作有两种做法:

一种是给老板提一个开放式问题。所谓开放式问题,即让对方自由回答的问题。这类问题不提供具体答案,不规定回答范围,允许对方不受限制地回答。如:"李总,我们目前在南方电力的项目上遇到了很大的麻烦,您看我们应该怎么办?"当你用这种方式请示的时候,大部分情况下,老板会反问:"你认为呢?"如果他恰好

心情不好,他会挑战你说:"什么问题都直接过来推给我,那我还要你们这帮人干吗?"碰了一鼻子灰,你只能悻悻地回来重新思考问题。

另外一种就是请老板做选择题,如:"李总,我们目前在南方电力的项目上遇到了很大的麻烦,我仔细地想过了,觉得我们目前可以采取两种不同的方案,A方案是……它的好处是……弊端是……;B方案是……它的好处是……弊端是……我知道您处理这方面难题和挑战的经验要比我丰富得多,您可否基于您的判断给我一些参考建议?"

试想一下,假如你就是那个李总,你会喜欢哪个下属的做法?当晋升机会出现的时候,你会优先考虑谁?

家庭小作业

请列出一位你在职场中最需要影响的关键人物,思考他关注什么,他的偏好又是什么?你下一次向他汇报工作或表达观点时,如何想其所想,投其所好?

延伸阅读

林语堂著.杨永德整理.《怎样说话与演讲》.北京:文化艺术出版社,2009.

第二章

结构为王,内容为要
——想清楚才能说明白

一句顶一句
说着说着就成了

> 你的效能取决于你通过语言和文字与他人交流的能力。
>
> ——彼得·德鲁克

了解了听众是一群怎样的人后，这一章将聚焦在表达的内容上，关注这样一个问题：如何将你想表达的内容有效地传递给你的听众？事实上，对表达内容的设计与安排相当重要，这与你请客吃饭有异曲同工之妙。

如果你计划要请一个关系亲密的朋友或者客户来你们家做客吃饭，你肯定会先弄清楚他是哪里人，喜欢什么样的口味。如果是四川人，他肯定喜欢麻辣；如果是广东人，他肯定中意清淡；如果是山西人，他肯定最爱面食。在搞清楚口味后，接着就要张罗了，究竟是四菜一汤还是六菜、八菜？主打粤菜还是东北菜？接下来，还要考虑荤素搭配、冷盘热菜、鸡鸭鱼肉、飞禽海鲜、蔬菜果脯……最后，你从市场上把原材料采购回来，清洗采摘，分拣加工，煎炒炸烧，做一桌让客人意犹未尽的美味佳肴。

表达的过程也是这样，要想让听众听得满意，并且能够取得你预期的效果，你就必须从表达的逻辑结构出发，从表达内容的加工提炼做起，才能将内容有效地呈现给听众。

第 1 节
让表达"立"起来

在日常工作中，很多职场人并不重视表达场合，经常说出一些毫无结构和层次的内容，平铺直叙，想到哪儿就说到哪儿，把各种资讯和信息堆砌在一起，好像一个穿得窝窝囊囊的人，一点站姿也没有。可想而知，听众，尤其是那位关键人物，怎么能提起精神头儿听你说了些什么呢？所以，要想让你的话入听众的"法耳"，必须有一个完整有力的结构，让表达的内容"站立"起来。

一、以终为始，明确目标

每次与对方沟通之前，你都应该先问自己这样一个问题：你是否非常清晰你的表达目标是什么？如果不知道目标就张口说话，就像士兵在战场上把"瞄准"、"射击"的顺序颠倒了一样。

我有一个朋友在某家证券公司做人力资源经理。一个年轻的下属找她汇报校园招聘的项目，零零碎碎地说了20分钟。朋友实在忍不住，打断他："小张，咱们现在换位思考一下，如果你是我，我来找你汇报校园招聘的项目，你觉得你会关注哪些问题？"

小张迟疑了一会儿回答说："如果我是您，我会关注这么几方面的问题：第一，我们今年为什么要开展校园招聘？第二，整体的流程安排是什么？第三，需要投入多少资源？第四，评价今年校园招聘取得成功的关键标准在哪里？"

朋友微笑着说："你说得很对，这些都是我会关注的问题，关键是，你刚才介绍了 20 分钟，哪些内容是能够回答这些问题的呢？"小张一时语塞，但同时又恍然大悟："领导，我明白了，以后我再向您汇报工作的时候，一定先想清楚您究竟关注哪些问题，把这些问题列出来，然后再思考如何能够解答您的问题。"

小张这孩子运气不错，遇到我朋友这样一个有耐心又善于引导启发的上级。如果是一位脾气暴躁、公务繁重的领导，小张可能早被骂得"狗血喷头"了。在这里，我想建议和小张情况类似的人，如果希望在汇报工作的时候，能够更有效地达成目标，还需要了解表达效果可能达到的四种程度（见图 2-1）：

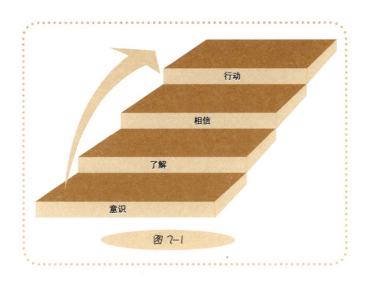

图 2-1

- 意识：通过你的表达与介绍，你希望帮助对方意识到他之前没有关注到的主题和内容；

- 了解：不仅让对方意识到，更能让对方了解、熟悉你期望他明确的主题与内容；
- 相信：让对方完全相信并且认同你所说的内容；
- 行动：最高层面是不仅让对方接受和认同，并且愿意按照你的想法采取行动。

了解了表达目标的重要性，下面再介绍一个非常有用的工具，可以帮助你有效地梳理和树立表达目标。这个工具叫做"信息计划"（见表2–1），是IBM、埃森哲等众多国际一流咨询公司的咨询顾问们在拜访客户之前，一定会用到的工具。

表2–1 信息计划

观点/终点	你必须思考在表达完成后，你希望达到的结果和状态是什么？
未说明的（隐藏点）	你在表达内容中不会直接说明的，属于隐藏在里面的要点是什么？
假设	你的表达基于哪些前提和假设？
经修订的点	当你结束表达的时候，听众会做些什么？会决定什么？会采取什么行动？
信息	你需要重点提供的信息和资讯是什么？要点是什么？

开始使用信息计划这个工具的时候，你可能会有一点点的不习惯，但是，当你坚持一段时间以后，你就会越来越喜欢这个工具了。下面来看一个咨询公司的范例（见表2–2）。

表2–2 说服俄罗斯银行董事会信息计划

观点/终点	当我结束表达后，我的听众会高度关注我公司的愿景和能力，在零售业务部战略项目上理性、战略性地选择采纳我公司的想法，并索要正式的建议书。

(续)

未说明的（隐藏点）	个人：给人有知识、有能力的印象；在我们的能力展示中不要暴露差距，击败竞争对手。
	商业：摆正公司战略能力的位置，避免竞争对手获得这一重要项目。
假设	已知：俄国人认为我公司在莫斯科分公司的人员没有足够的战略能力。
	假设：听众能被说服，相信我公司可以胜任这份工作，前提是给他们提供这样的证据：①我们的愿景；②我们的分析能力；③做好这个项目可用的强大团队。
	他们对公司的咨询能力有一些认识，我们要将他们的这种认识上升为一种信念，让他们相信我们就是做好这份工作的最佳人选。
经修订的点	当我结束时，我的听众将要进一步询问展示中涉及的一些细节和需要澄清的地方；
	提供给关键决策者后续会议的机会。
信息	通过选择公司做这个零售战略项目，他们将可以得到各地最先进的技术、基于丰富实践的全面咨询流程和一个强大的团队。

通过信息计划梳理出清晰的表达目标之后，接下来让我们一起看看，如何让表达的内容更加清晰、简洁、有力——力量的来源在于表达的逻辑结构。

二、梳理逻辑，构建结构

下面所讲的Beta的例子在职场中并不少见，仔细想想，也许你的周围也有Beta的身影。

我在雅芳工作时的第一位下属是位女生，名叫Beta，2002年澳

大利亚留学回来的"小海归",基本没有工作经验。通过面试,她加入了人力资源部门的培训发展团队,担任培训助理。Beta在澳大利亚学的专业就是人力资源,读过非常多的人力资源开发、学习发展方面的国外专著,可谓"满腹经纶"。刚开始的时候,老板和我都对Beta充满了期望,觉得她留过洋,见过世面,又是人力资源管理的科班出身,对很多培训发展领域的专业问题,应该都会有自己的观点和看法。每一次开会讨论课程设计的时候,Beta也都摩拳擦掌,跃跃欲试,抓住机会来发表自己的观点。可是不久,问题也随之而来。

当讨论开始的时候,我们都会注视着Beta,听她表达,但经常发现,我们很难抓住她想要表达的重点是什么,甚至有时候讲着讲着,她会突然停下来,吐吐舌头说:"哎呀,糟了,我都不知道我自己在讲什么了,下次我还是先想好再说吧。"可是到了下一次,她还是忍不住张口就来,可仍然是大脑短路……混乱的Beta工作不到一年就离开了,说是要回澳大利亚继续深造。

很多职场新员工都会有和Beta类似的困惑:为什么别人的发言井井有条,结构清晰,观点突出,可到了自己的时候,千言万语涌现出来却毫无章法了呢?这个问题就和表达的逻辑结构密切相关。

在正式讲解表达的逻辑结构之前,先一起做个小练习,感受一下逻辑结构对于表达而言究竟意味着什么。

图2-2是一堆散乱的0和一个1。如果没有其他说明,估计你很难从这样的一堆0和一个1中获取什么确定的信息。

第二章 结构为王，内容为要

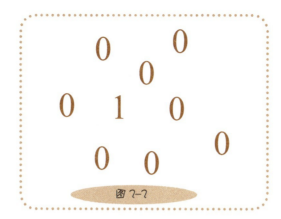

图 2-2

再看看图 2-3，如果你只是一个和我一样的普通人，你可能需要用手指或者笔尖一个 0 一个 0 地数过去——个、十、百、千、万……然后才能得出结论，这是数字 1 亿。

至于图 2-4，如果你算术不错，应该能够马上反应过来，这就是 1 亿！

对比以上三组数字，请思考一下，就识别的难易度而言，差别到底在哪里？也许有人会很专业地说，差别就在于标示数字的那两个逗号，它就像"桩子"一样……

对于表达来说，良好的逻辑结构也能起到"桩子"的作用。那么，我们如何能够找到表达中有力量的"桩子"呢？我的答案就是——金字塔原理。

1. 什么是金字塔原理？

30 年前，有人找到了能够帮助表达者避免思维混乱、保持理性思考模式的答案，它就是——芭芭拉·明托和她的金字塔原理。

芭芭拉·明托是麦肯锡历史上的第一位女性咨询顾问。她通过研究发现：之所以有的人思维清晰，是因为他们在思考时有清晰的金字塔结构（pyramidal structure），反之，则不具备这一结构。芭芭拉最初写作《金字塔原理》一书的目的是为了帮助欧洲人用英语写作和表达。有意思的是，当她开始研究相关资料时，她发现，关于如何组织句子和段落的书有很多，可关于如何组织思想的书却几乎没有，而思想才是句子和段落要表达的内容！

2.金字塔原理为什么有效？

金字塔原理之所以有效，是因为它遵循科学规律，与人脑思考的过程保持一致。不同的是，人们在思考时一般从金字塔底端往上思考，但表达时却需要沿着金字塔自上而下进行。如图2-5所示，当人脑看见很多1、2、3时，会首先将1分成一组、2分成一组、3分成一组，进而将三组数字以某种逻辑组成金字塔结构，如1+2=3，这样就可以把这三组数字排列成以加法逻辑组合而成的金字塔结构。

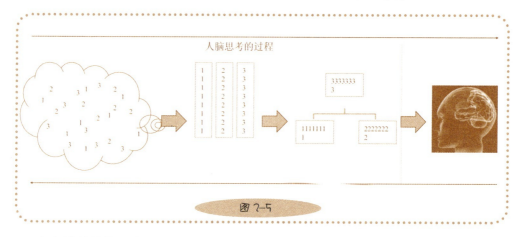

图2-5

金字塔结构的要点可以归纳为以下三条（见图2-6）：

第一，每一层次的思想观点必须是对低一层次思想观点的概括；

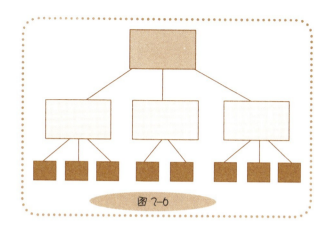

图 2-6

第二，每一组的思想观点必须属于同一范畴；

第三，每一组的思想观点必须符合逻辑顺序。

金字塔结构看似简单，但对于表达而言，却非常有用，它可以帮助我们掌握表达的逻辑结构。那么，都有哪些逻辑结构可以为我们所用呢？归纳起来，主要包括时间逻辑、空间逻辑、钟摆逻辑、变焦逻辑、收益逻辑以及三角逻辑。接下来，我就为大家一一讲解各种逻辑结构的妙用。

（1）时间逻辑

时间逻辑主要是通过时间来安排逻辑结构（见图2-7），可以说是运用得最为广泛的一种叙事表达结构。想想看你小时候写日记，是不是经常按照一天内事情发生的先后顺序来写的：

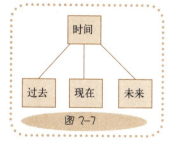

图 2-7

今天天气真的好热，上午我在家里写作业，把老师布置的暑假作业写了两页。妈妈去买菜，给我买了西红柿和大西瓜。中午，妈妈给我做了西红柿炒鸡蛋和辣椒炒肉，真好吃。吃完饭，爸爸为我们切开了大西瓜，真甜呀，我的肚子吃得圆圆的。

下午，我在家里睡午觉，门口大树上的知了拼命地叫，吵死了。好不容易盼到了傍晚，爸爸带我去河边游泳，我和小朋友们一边游，一边打水仗，好玩极了。

相信很多读者看完这篇日记，多半会会心一笑，同时心里嘀咕是不是我把他原来的大作"借"了出来。

说到时间逻辑的典范，值得一提的是《反恐24小时》。这是由美国福克斯电影公司发行的一部动作惊悚类电视连续剧，讲述的是以联邦特工杰克·鲍尔为首的反恐小组的一系列反恐行动。该剧最大的特点，就是首次在电视剧中采用实时的表现手法，也就是说剧集中时间的进展完全与现实同步，24集中每一集讲的刚好是一小时内所发生的事。这24个小时成了杰克·鲍尔生命中最漫长的一天，每一小时、每一分、每一秒的故事情节都牢牢抓住了观众的神经。

就表达而言，《反恐24小时》给我们最大的启发就是，如果善于讲故事，善于从时间的轴线中提炼出吸引听众注意力的素材，就能取得很好的表达效果。在以下情况下，你就可以适当地采用时间逻辑：

图 7-8

第一，时间逻辑适用于向客户宣传、介绍自己公司。比如，当年作为IBM的顾问，我通常就会基于这样的时间逻辑，来向客户介绍IBM公司：

> IBM是一家伟大的企业，成立于1911年，至今已有一百多年的历史。历史上，IBM经历过四代核心领导人：创始人老沃森，之后他将衣钵传给了自己的儿子小沃森；然后在发展的困境中，郭士纳接过接力棒，完成了IBM历史上极具意义的变革，使IBM从硬件服务设备商转型成随需而变的服务供应商；2002年，郭士纳功成身退，将掌舵者的角色让予彭明盛。目前，彭明盛正率领IBM迈向新的巅峰。

同时，作为IBM的学习发展顾问，在向客户分享IBM的学习发展经验时，我通常也会用到时间逻辑（见图2-9），这使得我要展现的内容非常有历史的厚重感：

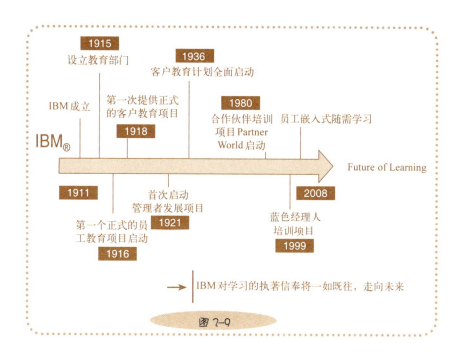

图2-9

在过去接近100年的时间里，学习发展在IBM塑造商业传奇的进程中扮演了重要的角色。基于一整套与战略承接、协调一致的方法论，IBM设计、开发了很多顶尖品质的学习发展项目，用于提升一线员工、经理人员以及高管团队的各项能力。

早在1915年，一个独立运作的教育部门就被建立，以训练、发展员工；

1916年，第一个正式的员工教育项目很快启动，用于提升产品线员工的生产力；

1918年，IBM首次为客户提供教育项目；

1921年，第一个管理者发展项目正式启动；

1936年，基于客户的需求，IBM的客户教育计划全面启动；

20世纪90年代，IBM完成了伟大的转型，从一个硬件制造商转为服务提供商。这一转变要求重塑员工的能力。在此过程中，学习发展发挥了关键作用，使得员工适应新商业模式的要求，并能从市场中获取商业机会。其中，蓝色经理人培训项目、嵌入式随需学习的理念成为IBM学习发展新的里程碑。

展望未来，IBM视学习发展为最重要的一项投资，对于员工、供应商、客户以及合作伙伴，IBM对学习的执著信奉将一如既往，走向未来。

第二，时间逻辑可以有效地用来向领导汇报工作。这种汇报既可以是一种相对正式的工作报告，也可以是围绕某个具体项目，向领导做的口头报告。如果运用得当，会让领导觉得你对工作的来龙去脉交代得很清楚，对你很放心。

我有个朋友是人力资源经理，她和我分享过这样一个案例。

> 有一次，她正在外地出差，领导突然打电话过来询问她一个项目的进展情况。该项目是由她所在的人力资源部协助科技部开展的科技岗位绩效评估，领导对项目的了解还是基于两周前，和她共同参加了与科技部的研讨会，会上双方就彼此的角色和职责分工进行了安排。在接下来的两周时间，她因为忙于其他的工作，基本上没有太过问科技部有何进展。但是，如果这个时候告诉老板，自己不清楚目前情况的话，老板势必会非常不高兴。而且，她身处外地，连当面解释的机会都没有。在这种情况下，她是这样回应老板的："李总，这个项目是这样的，两周前，我们和他们达成了这样一些共识……接下来的这两周，他们在进行一些分析和研究，就我所知，还没有形成最后的结论。您看这样，我和您通完电话后，马上再和他们碰一下，看看他们是否能形成一个统一的意见，再向您汇报。"
>
> 老板很高兴地答应了。

从这个案例当中可以看到，她向老板汇报的逻辑是依从时间的维度，从双方达成共识的那个时间点开始往前推进，回顾了过去，评价了当下，同时也表达了下一步要采取的行动。于是，她很轻易地从老板那儿过了关。

写到这儿，我有必要提醒大家，时间逻辑除了可以用年份、季度、月、周、天、上午、下午、N小时前、过去、现在、未来这样的字眼来表示外，还有一些隐性的时间逻辑，包括项目进展的各阶段，如项目启动、前期调研、中期报告、项目总结，或者某项工作的实施流程，如定义、测量、分析、修改、控制（六西格玛的经典流程）。这些隐性的时间逻辑也可以帮助你构建有效的表达结构，让听众明晰你的表达思路与关键内容。

(7) 空间逻辑

空间逻辑以地理位置或视觉区域作为其结构的主要依据（见图2-10）。空间逻辑为听众构建了能够"看到"的地图，因此，听众不仅在头脑中，而且可以在视觉上追随你的讲话。通过运用空间逻辑结构，你可以让听众从一个地方转向另外任何一个可以"看到"的地方，如国家、省份、城市、楼宇、房间、机器等。

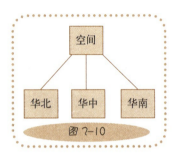

国庆之前，有一条微博深受网友们喜欢，题目叫做"十一去哪——吃货眼中的中国"。以中国地图为基准，这位网友把全国各省、直辖市、自治区的经典名吃在地图对应的位置上一一标注，比如甘肃的拉面、四川的火锅等，让人过目不忘，印象深刻。

空间逻辑适用于喜欢或者需要以形象方式思考的听众，在当前视觉媒体的影响下，这正迅速成为普遍现象。这种逻辑结构尤其适合于大型的表达主题，因为它能帮助听众通过视觉形象的联想，记住更多的细节。

在众多行业当中，房地产公司的销售代表在介绍楼盘时，所用的解说词基本上都是基于空间逻辑设计的，下面我们就来分享一个楼盘解说词的例子。需要说明的一点是，为了避免为开发商做广告之嫌，例子当中隐去了具体的名字：

 各位朋友，我们现在所在的位置是营销中心，我们现在热销的项目就是××楼盘。

在我们小区的东侧就是南山18洞会员制高尔夫球场，西侧是南山5A级景区，由××集团投资上百亿建设而成，目前已成为××半岛最著名的旅游景区。

小区的北边邻的是南山景区的三期工程，即南山主题公园，去年5月16日开始试营业。里面设施齐全，游戏种类极多。

小区东边和南边被一个自然水库——××水库环绕，流出一条清澈的××河。这条南山的母亲河从我们小区西侧蜿蜒流过，河水非常清澈，可以看到鱼和野鸭。

我们小区北边500米就是国际老年疗养中心，里面有老年大学、专属医院、温泉会馆、餐饮配送中心等。在这里，几个老年人可以一起上课，学习养生知识、音乐、舞蹈、绘画等，还能一起搭伴洗个温泉澡！

在我们小区的东北方向将要建设一个16层的新医院，里面有大型的体检中心，满足您定期检查身体的需要。

在主题公园以北的××河沿岸有一条万国风情商业街，里面有特色餐饮一条街、小吃一条街、购物一条街等。

另外，在离我们小区800米的距离处将要建设一个大型商场，所以说您的购物是不用担心的。

我在做顾问时，每次公开讲演，或者向客户介绍IBM学习发展在中国的成功案例，基本上都会基于客户所属的行业以及与之相关联的行业展开，如制造行业、快速消费品行业、服务行业、金融行业等。通过展示不同行业的成功案例，向客户传递一个清晰的信号，那就是IBM有非常强的实力和非常深厚的积累，能够胜任任何行业客户的项目需求。

除以上这些，适用于空间逻辑的例子还有：

- 从纽约、伦敦到巴黎；

- 从头脑、心灵到双手；

- 从掌上电脑、手提电脑到台式电脑。

(3) 钟摆逻辑

钟摆逻辑结构是通过极左、中、极右等极端来安排结构（见图2-11），依据的是德国哲学家黑格尔的辩证推理：正、反、合。利用这种结构，你可以先承认两种相异的观点，然后将听众引向中间立场，从而在僵局中实现行动。

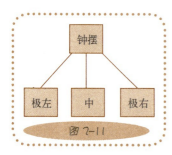

春秋战国时期著名的大帅哥兼大知识分子宋玉曾经被邻居家的女儿深深吸引，于是做《登徒子好色赋》如此形容这位邻家MM："增之一分则太长，减之一分则太短；著粉则太白，施朱则太赤。"意思就是再长高一分就显得太高了，再矮一分就显得太矮了，搽粉就显得太白了，抹胭脂就显得太红了，总而言之，就是刚刚好！

在这热烈的表白中，宋玉同学使用的表达结构就符合钟摆逻辑：描述相互对立的选项，并建立起对"合理"的中间立场的渴望。

钟摆逻辑有两种变化形式：激进形式和温和形式。两者都是用以表达个人主张的方法，需要捍卫现状的时候适宜用较激进的形式，而需要提出妥协方案的时候则适合用较温和的形式。

① 激进形式

在这种形式中，你推翻两个极端，只留下中间立场。当你面对棘手问题，想要迅速给出无可辩驳的回答时（往往是支持现状），你可以采取这种形式。如为目前的预算辩护：

一方面，我们可以把目前的预算削减10%，但是那将意味着，我们要减少基本的服务并降低服务质量；

另一方面，我们可以要求经费增加10%，以支持新的创举，但是今年的收入就会下降，同时业绩也会受到影响。

因此，我们提议维持目前的经费水平，并且利用现有的资源增加收入，这才是明智的决定。

② 温和形式

温和形式的钟摆逻辑不是要推翻两个极端，而是努力加以调和。你承认存在不同观点，但努力采取秉持中间立场的行动。如提议将中国香港设为亚洲总部：

为什么中国香港应当成为欧洲公司的亚洲总部所在地？

一方面，从文化、语言、地理角度来说，中国香港是亚洲的自由之都；

另一方面，它的法律和金融受到西方的影响，并且英语是官方语言。

它确实集中西方的精华于一身，是贵公司设立新亚洲总部的理想之地。

除此以外，表示钟摆逻辑的句式结构还包括：

- 从一方面看、反过来看、平心而论
- 太热、太冷、刚好
- 没有、全部、有些
- 低音、高音、中音
- 最理想、最恶劣、正常情形下

(4) 变焦逻辑

如果你是一个摄影爱好者，你一定会喜欢并享受镜头中所捕捉到的画面。同时，你也一定非常熟悉从长焦广角镜头切换到定焦镜头的过程中，通过视野变化而产生的那种强烈的视觉运动。在表达的过程中，你如果能恰如其分地运用变焦逻辑，通过布局变化来安排结构（见图2-12），有效地展现出思维与表达的层次感，也会像镜头移动那样，满足听众因为发现同一事实放大或缩小景象所带来的急切而升温的好奇心，最终让听众感到兴奋。

不久前，我在部门内部向人力资源其他模块的同事们进行了一次分享，主题是"以业务和绩效为导向的企业培训"。在设计内容框架的时候，我就运用了变焦逻辑，取得了很不错的效果。

首先，我从宏观层面分享了整个培训发展的历程（见图2-13），站在时间的轴线上，纵览培训在每一特定的历史阶段的主流技术和核心理论，分析培训技术与理论背后的时代背景、经济与人文因素以及心理学支持；

接着，我从中观角度分析企业的培训体系所包含的各个模块（见图2-14），从组织机制、运作模式、能力管理、内容体系到培训评估，让听众了解培训体系的作业流程；

最后，在微观层面上聚焦到一项流行的培训技术——行动学习上（见图2-15），通过分享行动学习的概念、核心要素、成功案例，让听众直观地感受到培训技术的有效运用可以为业务创造的价值。

图2-14

图2-15

变焦逻辑的另一个好处就是以动态方式构建信息，比较适合用来处理棘手的问题。

有一次，我为深圳某商业地产公司实施培训师培训，在讨论外部讲师与内部讲师的差异时，冷不丁地被学员问了这样一个问题："宋老师，我们小组讨论的一个结论是，外部讲师的成本比内部讲师高很多，我想请问一下，你给我们公司培训一天，收费是多少？"

毫无疑问，我无法直接告诉他那个具体的数字，可如果完全回避掉这个问题，又似乎显得我过于小气，于是，我便运用变焦逻辑予以回应："首先，培训师无论在国内还是国外都属于含金量比较高的职业，因为他们能够有效地帮助企业客户分析界定问题、设计解决方案，同时帮助学员找到自身不足，系统提升各项能力。而在市场上，既有跨国企业实战管理经验，又有国际一流咨询公司咨询背

景的培训师相对稀缺，所以更受客户和学员欢迎。我恰好也算两方面都有一定的结合，因此市场供求本身决定了会有一个不错的报酬，至于具体数字，可能需要问不同的培训公司了……"

变焦逻辑可以帮助表达者把听众领向更狭小或更宽广的视野。当然，选择将镜头拉近还是拉远，取决于表达者希望将听众带向何方，是进入具体细节还是纵观大局。至于什么时候该拉远镜头，出现以下三种情形时，你不妨考虑一下：

第一，需要帮助听众将思维扩展到一个更宽广的视野和格局上，通过说明某个特定的细节跟大局的关系，突出其意义。比如，为强调向航空公司乘客提供优质服务的重要性，你可以从单个的事例扩大到公司的整体形象：

- 具体来讲，如果乘客在飞机上的小桌板看到咖啡渍，就会形成这样一个直观的印象，那就是航空公司缺乏细节执行的能力。

- 从更广的角度来看，乘客可能就会推断，机舱内勤质量低下意味着航空公司在机械维护方面也会存在问题。

- 再扩大一步来看，这种印象可能会让乘客用脚投票，选择其他的航空公司。

这种逻辑运用还可以迫使偏执于某个问题的听众看到总体计划更为重大的意义。比如，为了让大家从正确的角度看待单个培训课程的成本，你可以展示公司的总体收益：

- 具体地看，开展一次商务写作培训的确需要投入不少的人力、物力成本。

- 但是，本次培训将帮助我们的销售团队大大提高编写月末报告的速度和成效，从而让他们可以腾出更多时间到外面去争取新业务。

- 总体来看，整个公司将从本次培训中获益：从客户那儿获得更加充分、及时的信息，编制更为科学、合理的计划和预算，并能增加新的客户，获取更多利润。

第二，处理敏感或保密信息时。表达者这时可以先特别说明所问到的信息是保密的，然后扩大到可以自由谈论的宽泛程度。一次朋友聚会，席间有人问其中一个做出版的朋友，"现在出一本书，作者能够从中赚到多少钱"。这哥们虽然喝了点酒，神智还是相当的清醒，用了非常巧妙的技巧加以回应：

- 如果说一个作者、一个作者地看，其实他们都会和出版社签署一份协议，协议里面会有具体的条款，因为涉及商业保密，恕我不能透露。

- 不过，整体上，作者能拿到多少稿酬和版税，都与一套计算方法有关，而这套方法最核心的地方就在于书籍的销量，也就是说，书卖到了一定的量，作者才能有钱赚。

- 总的来说，作者和出版社作为合作伙伴，都追求一个共同的目标，那就是不断推出符合读者需要的图书！

第三，必须证明选择或决定的合理性时。你可以先给出具体答案，然后在更广泛的语境中说明意义。举例来说，假如你是一位IT经理，公司的财务总监要求你解释为何要投资一个新的数据库平台，你可以这样回应：

- （具体地说，）我们正在引进新的架构来收集和处理数据。

- （更广泛地说，）这个新系统将能有效地存储、检索数据，并且能够运行新的自动审计。

- 所以，现在我们可以系统审阅数据，观察业绩目标，提高所有报告功能的完整性、准确性、及时性。

以上属于把变焦镜头不断拉远的情形，那么何时又该把镜头拉近呢？

第一,需要着眼于具体细节的时候。尤其是当全局观会妨碍听众换个角度看待关键问题,而关注细节又特别重要的时候。如果你是企业质量管理部门的负责人,最近你们公司的产品质量控制水平有所下降,你的领导责问你"最近怎么老有质量投诉",你就可以将镜头拉近:

- 抱歉啊,领导。这段时间我们的质量控制水平的确有下降的趋势,这是我们管理的问题!
- 不过好消息是,我们已经找到问题所在,并且提出了针对性的解决方案。
- 具体来说,我们将会针对所有质检人员开展培训,帮助他们理解并掌握新的质量控制系统,从而减少错误的发生。

第二,想要反驳或削弱一概而论的说法时。你可以把镜头拉近到具体、生动的事例,以论证自己的观点。一位总统候选人在竞选过程中,如此回应记者关于公共预算赤字问题的挑战:

- 总的看来,我们确实承认公共预算赤字的问题。
- 但是,我们刚刚通过立法,它将在明年显著减少赤字。
- 具体来说,我们会在5年之内将目前的赤字减少50%。

第三,需要细化听众一些笼统宽泛的认识时。这时,你就可以拉近镜头,推翻假定。有一次,客户挑战我们说IBM公司的顾问收费太高,我们是这样回应的:

- 一般来说,许多顾问的小时收费确实高昂,尤其是那些资历很深、经验丰富的高级顾问。
- 但是,在关注小时收费时,你可能没有考虑到某些因素。
- 例如,为了扩展业务,顾问可能长时间工作却没有回报,税金和开支降低了小时收入，这让他们的收入与经验相似的职员相差无几。

除了上面提到的这些，适用于变焦逻辑的实例还有：

- 班级、小组、个人
- 大洲、国家、城市
- 公司、部门、个人
- 宏观、中观、微观
- 产业、行业、企业
- 管理、人力资源管理、培训管理

(5) 收益逻辑

还记得听众的左脑和右脑、逻辑需求和情感需求吗？收益逻辑能够帮助你相对容易地搞定那些"左脑型"听众，尤其是当你需要向他们推介、推销某款有形的产品或者某项无形的方案时。收益逻辑结构通常采用FAB来安排结构，着眼于表达如何"受益"，所以特别对这一类听众的胃口。你往往会发现，即便还没有真正谈及实际，字眼当中闪过的"优势"、"好处"、"价值"已经让对方兴奋起来了（见图2-16）。

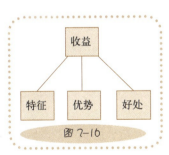

图2-16

① 特征（Feature）

特征就是指你的产品、服务、方案中包含的客观现实或者具有的属性。比如，讲台是木头做的，"木头做的"就是产品所包含的客观现实、属性。

② 优势（Advantage）

优势就是指相对于竞争对手，你的产品有何独到之处，最大的差异化体现在什

么地方等。在这个同质化程度越来越高的社会，拥有差异化就相当于拥有了独到的优势。相对于金属做的讲台，木头做的不会生锈，这就是木质讲台的优势。

③ 好处（Benefit）

好处就是指产品给客户带来的实际利益或者价值。比如，讲台是木头做的，给客户带来的益处就是"非常轻便"。

如果用FAB的方法来解释，是这样的："这个讲台是木头做的，搬起来很轻便，所以使用非常方便。"这里使用的就是说服性演讲的结构，只有这样才能让客户觉得你的产品满足了他的需求，并且愿意购买。

需要注意的是，用收益逻辑呈现新的产品、方案或服务时，你必须突出它能为客户做些什么，不要总是兜售特性，而要强调优势与好处，即它能如何帮助客户。此外，在推销收益时，要使用"你们"、"你们的"这类词。这些词能让你始终专注于听众的观点。不要羞于宣称"我想讨论的收益有三项"，当你采用这种结构时，你就是在明确而有逻辑地进行推销。

2011年4月，我和太太决定换一台座驾，预算30万左右。在逛了几个汽车品牌的4S店后，我们来到广州东风本田的某家特约经销店，在这儿，一位专业的销售顾问把我们"搞定"了。

销售顾问：您好，欢迎光临！您打算买一台什么样的车？

我：我们想换一台车，空间希望比现在的轿车更大，动力更强，操控性和安全性更高，你有什么建议？

销售顾问：那我向两位推荐我们2011年最新款的CRV。

我：我们一直都想换一台城市越野，可以经常自己开着去旅行，试驾了几个品牌，像森林人、RV4、途观、狮跑……觉得各有长短，和他们相比，CRV有什么优势？

销售顾问：我相信你们一定对几种车型做过详细的调查，各种参数比较我就不一一介绍了。CRV有几个方面的优势我想你们一定会感兴趣：一是空间方面，车座椅和方向盘都可随意调节，加上放胳膊的扶手（特性与优势），跑长途不会感觉累（好处）；二是动力方面，CRV具有i-VTEC气门技术（特性），能够提升发动机的动力输出，改善燃油经济性（优势），您不仅会有非常愉悦的驾乘体验，同时也节省不少油钱（好处）；三是安全性能方面，CRV的车架刚性值得称道，安全性测试成绩为五颗星（特性与优势），充分起到对驾乘者的保护（好处）。另外，对于女性司机来说，CRV起步很稳，新电子助力系统保证舵量大（特性），进出狭小车位很灵活（优势），即使在立体车库也能自如控制（好处）。

我：嗯，听起来很不错，我们能试驾一下吗？

(6) 三角逻辑

如果用遍以上五种逻辑结构，你要讲的话题在脑海中仍然是一团乱麻的话，我建议你试试三角逻辑，也就是通过三点成面来安排结构，如职场中经常涉及的人力、物力、财力（见图2-17）。

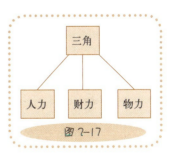

图2-17

三是一个很有力量的数字，喜剧演员知道三远比二有趣，作家知道三幕剧比四幕剧戏剧性更强。许多伟大的电影作品、书籍、戏剧或演讲都有着三段式的结构。例如，大仲马有《三剑客》（又名《三个火枪手》），而不是五个；挑水喝的和尚是

三个，而不是四个；老子在《道德经》中写道："道生一，一生二，二生三，三生万物。"

从演讲、表达的角度来说，"三的原则"的奇妙之处有以下三点：

① 有说服力

从亚里士多德时代开始，三段式论证主导西方思维长达两千多年。一个常见的三段论例子是：澳大利亚人带有滑稽的口音，他是澳大利亚人，所以他带有独特的口音。当然这种论证不甚可靠，但是只要你基于传统逻辑提出三段式的论证，听众往往就倾向于相信你推理的可靠性。同时，相信你也不想冒失去听众注意力的风险，所以，与其给他们七八个理由让人厌烦，就说服而言，给出三条就已经足够了。

三段式论证所受的另一个巨大影响来自于19世纪的德国哲学家黑格尔。他的正、反、合辩证推理的出现，导致了被称为"辩证唯物主义"的历史分析形式的出现，并奠定了几个政治思想流派的理论基础。

② 节奏性强

三角逻辑结构能够创造推动力，即一种内在的变化或驱动力，把听众从A点、B点推进到C点。如果你不能产生出这种前进的动力，就无法带动听众，他们就会对你的观点或者主张无动于衷。

有一次，我作为公司的培训负责人，为新任命的40名中初级管理人员设计、组织为期5天的管理技能培训项目。经过一段时间的选择、比较，最终确定和一家国际知名培训公司合作。在向公司领导汇报并争取预算时，我采用了三角逻辑结构，将整个项目分为情况、选择和建议三部分陈述：第一是设计整个培训项目的背景情况，包括为什么要实施这个项目，对于公司的价值在哪里；第二是我们有哪些备选的合作机构，以及每一家方案的优势与短板；第三是我建议选择哪一家合作机构，以及具体的理由。听完汇报，公司领导很快就明白了整体情况，并爽快地接受了我的提议。

③ 容易记忆

如果你的结构超过了三个部分，比如有五个、六个甚至七个部分，你就容易迷失方向。计划一旦扩大到五部分，你就有可能让自己和听众的记忆不堪重负。

人们通常容易记住三个部分的原因之一是从小就接受这样的教导。人们普遍用三个部分组成的故事来方便地叙事并传达教义。人类学家发现，大多数文化在其民间传说中都会运用三元结构，如三个愿望、三人行、三个臭皮匠。

三角逻辑结构相对而言适合用于偏严肃和理性的话题，此时，你希望向听众表现出慎思和公正，同时传达你全面看待问题的能力。以下三种情形相对来说是比较适用的：

① 表现出客观

如果你要处理棘手的话题，或是应对有自己信念的听众，这种逻辑结构尤其有用。在不攻击听众信念的前提下，你可以"客观"地讨论他们可能未曾考虑过的三个方面，从而鼓励他们对问题进行更为公正的评价。例如，通过讨论技术、预算及销售三个方面，评价开发新产品的好处。

② 显示出慎思

为展现你的深刻领悟，你可以请听众考虑话题的三个方面。例如，在讨论企业家的激励因素时，你可以从事业心、独立性、财务回报这三个方面加以探讨。我在工作中就经常如此使用。

我加入民生银行广州分行后没多久，开始负责一个重要的管理人员能力提升项目。有一天下班回家，在电梯间里巧遇分行行长，他随口问我"在民生工作感觉如何"，我马上回答说感觉很充实！接下来，我从三个方面跟行长做了简明扼要的介绍：一是我正在做的项目，二是即将取得的成果，三是预期创造的价值。电梯到达一层的时候，行长拍着我的肩膀，亲切地说："很好，看来你适应得很快，好好干！"

③ 陈列出观点

为了让你的逻辑结构更加令人难忘，你可以改变表达的视角，尝试在三角逻辑中加入人的因素。你的概念更加人性化之后，就能获得同理心和更多的理解。例如，不要用教学法、认知障碍、家庭支持系统等术语探讨教育话题，而是尝试着采用三个视角：教师、孩子、家长。

在培训公司工作的时候，我的同事肖老师是一位出色的管理课程讲师，治学严谨，思维理性。问题是，公司销售团队的同事们都很怕和他谈客户需求，因为每次话题一打开，大家就知道，他的三段论模式启动了。与我们上面所说的三角逻辑相同，肖老师在表达之前会声明："我要讲三点，第一点，我从三个方面来说。第一方面，有这么三个问题……"等到肖老师侃侃而谈30分钟，终于暂告一段落的时候，坐在他对面的听众多半已经魂不守舍，云里雾里了。

肖老师的例子告诉我们，三角逻辑之下可以适当展开，但不适宜过于发散。

 职场感悟

想得清楚，你才能说得明白

10年前的我，正处在职业生涯的"三年之痒"时期，痛苦地思考着一个问题——我的职业发展方向到底是什么？可以说，包括我自己在内的绝大多数工作了三五年的职场人士，都曾经或正在被这个问题困扰着。

那时候信息还不像如今这么发达，没有办法向更专业的人士请教，我只能自己琢磨，我的优势是什么？我的兴趣在哪里？市场上最需要的职业是什么？什么样的行业、什么样的企业、什么样的职业能够让我不断增值，不断成长？在思考了一段时间后，我的想法越来越清晰，那就是——人力资源管理中的培训发展。

我为自己的想法感到兴奋，直觉告诉我，培训一定适合我！我一定能够通过努力成长为企业优秀的培训讲师！但问题是，我没有任何人力资源管理或者培训管理的工作经验，企业招聘部门和培训部门的负责人凭什么会录用我？甚至凭什么会给我一个哪怕是面试的机会？

正所谓"世上无难事，只怕有心人"。当了解到美国雅芳公司招聘培训专员的时候，我通过各种渠道为自己争取到了一次面试的机会，面对着人力资源部的招聘经理和培训经理，我热切地表达了期望能够从事培训工作的意愿。当然，光有意愿还是不够的，谨慎的面试官们除了运用结构化的面试技术外，又让我参加专业、系统的职业性向测试。一轮一轮的关卡都通过之后，决定命运的最后一轮面试在我和另外一位候选者之间展开。

那是一道情境模拟题：你是人力资源部的培训发展主管，绩效管理是你日常工作的一个组成部分，主要面对公司遍布全国的76家分公司1800名员工，如何调动

一句顶一句

分公司经理的积极性，配合你完成全年的绩效管理工作是最大的挑战所在。请思考30分钟，然后向面试小组汇报2002年绩效管理工作的思路。

拿到题目后，另一位候选人读完题就开始埋头写作。我却没有急于提笔，而是思索我该从哪几个方面着手，才能在汇报的时候做到重点突出、思路明确。5分钟后，我构思出了一个基本框架，那就是根据76家分公司过往的绩效管理水平，分成ABC三类，然后针对每一类公司的特点，有针对性地设计绩效管理方法与手段……

我的汇报结构和思路显然打动了面试小组，他们给我的一个关键评价就是：想得清楚，你才能说得明白！这是培训管理者和培训师的核心能力之一。尽管另一位候选人已经有两年的培训工作经验，但他们还是慷慨地把这个宝贵的工作机会给了我。当然，事实证明，我没有让他们失望。

家庭小作业

请分别运用时间逻辑、空间逻辑、三角逻辑、变焦逻辑、收益逻辑、钟摆逻辑等六种逻辑结构，为以下六个表达主题构建完整的表达结构。

① 最难忘的一次旅行；

② 我最喜欢的一个城市；

③ 一次成功的项目经历；

④ 微博；

⑤ 素食主义；

⑥ 医疗改革。

延伸阅读

芭芭拉·明托著. 汪洱、高愉译.《金字塔原理：思考、表达和解决问题的逻辑》. 海南：南海出版社，2010.

第2节
内容需要裁剪与加工

如果你已经能够自如运用各种逻辑结构,为每一次表达构建起清晰简洁、富有力量的框架,那么,接下来的任务就是在逻辑结构之下选择、裁剪、加工合适的内容。下面介绍几个原则,是特别好用的。

一、简明扼要——钉床理论

你可能在电视上也可能亲眼目睹过胸口碎大石一类的硬气功表演。一名壮汉,光着膀子,躺在密密麻麻布满钉子的钉床上,胸口上放着一块大石头,这时另一名壮汉手抡大锤,一声高喝,大石头应声而碎,躺着的哥们一跃而起,身上完好无损,依旧虎猛龙精。

图 2-18

现在,请想象一下,假如钉床上只有三五根钉子,同样的动作重复一遍,结果会有什么不同?你心里肯定一边骂我残忍,一边替那个哥们肉疼,因为如此一来,他就算是一身的金钟罩铁布衫外加十三太保横练,估计也挂了。为什么会出现这样的结果?是什么改变了?答案很明显,受力点大大减少的情况下,压强改变了,结果也就变了。

就表达来说,钉床理论告诉我们,表达的内容一定要简明扼要。如果不能对内容加以提炼,并形成聚焦,过于分散的素材只会让听众感觉隔靴搔痒,完全"不解渴"。

首先,职场中的表达绝对不是村东头的杨老汉站在歪脖子树下和村支书拉家常,你一定要认真思考在表达的内容中,哪些属于"必须让听众知道的",哪些属于"应该让听众知道的",哪些属于"可以让听众知道,也可以不必让听众知道的"。尽量突出第一类信息,而把第二类的一部分、第三类的绝大部分从你的钉床上拔掉,如此,就能大大地改变压强,提升表达的效果。

其次,你还需要思考在所有"必须让听众知道的"内容当中,打动听众的"亮点"在哪里?每一次成功的表达都必须要有内容或方式上的创新和亮点。亮点可以是你提炼的一个提纲挈领的模型、引用的一组强有力的数据、展示的一张让人捧腹大笑的图片,甚至可以是一个精心设计的小故事。总之,亮点必须能够让听众眼前一亮,印象深刻,同时还能有助于说明你的观点和结论。当然,亮点无须太多,2~3个足矣。

最后,分享一点我多年积累下来的心得,那就是不要在一次表达中把你的听众"喂得太饱",否则他们的"胃"很有可能对你的内容消化不良。最好的状态是,听众对你的内容接受到八、九分,大脑中还有一定的空间去理解和体会你的主要观点和核心内容。

二、避免太专业的术语和"双语"

表达时选择词语的一般法则是尽量接近于日常用语，因为这能够让听众轻松下来，并建立对话式基调，这对表达者而言至关重要。要避免"大词"——听众可能不明白它们的意思，并感到你在卖弄。你要牢记，说话的目的不是让听众对你的词汇量感到惊奇，而是用最轻松、最有鼓舞力的方式传达自己的主旨。

关于这一点，民生银行董事长董文标先生曾经举过这样一个例子：

> 对小微企业不要说过于专业的话，这是很吓人的东西，要说"普通话"。小微企业从来没有享受过现在这样的金融服务，原来他们处在最底层、最简单的层面，享受的是高利贷，是三分、五分。而我们提供的利率是八厘、一分、一分二。一分与三分、五分相比低多少，一目了然。为什么还说"利率上浮30%"，把别人吓跑呢？老说这种话，不讲"普通话"是不行的。

要做到这一点，有一个有效的方法，就是在听众之中选择一位看上去资历和知识最浅的人，努力使你所讲的话引起这个人的兴趣，这就会强迫你自己选择最为清晰、简单的字句，来表达你的观点和内容。如果在你讲话结束后，这位听众能够很轻易地说出你之前讲的重点内容，那么你就成功了。

林肯喜欢用通俗平易的文字表达自己的观点或者提议，力求让所有人都能够十分清楚明白，这是他的一种习惯。他曾经对克诺克斯专科学校的校长提起过他小时候的一段经历，说明他是如何希望自己所讲的内容清晰而容易使人了解：

"在我早年的回忆中，我记得很小的时候，如果有人对我讲话而我听不懂，我便要常常生气。在我的一生之中，想不起再有旁的事能够使我更愤怒的了。只有这一

点,总是使我发脾气。我还记得当时在听邻居和我父亲谈了一晚上的话,我回到小小的寝室中,总要费去不少的时间在屋子里踱来踱去地思索着不明白的地方。我常常因为思索不出而睡不着觉,就是想出来了自己还是不能满足,必须再三重述,把它用极简单极平易的字句表达出来,使得小孩子都能懂得,那才算满意了。"

这正像唐朝诗人白居易作诗后,一定要先拿到街上读给老妪听,如果老妪能够完全听懂,才谓之大功告成。

除了专业术语,在外企工作时间久了的职场人士容易在表达的时候夹杂一些外语单词,整个表达下来,就成了这样一种风格:

"在这个case中,我们会选择用一个新的approach,这个approach能够在项目kick-off阶段就发挥作用,使得ROI最大化。"

也许你会说这已经成为外企圈子的沟通表达风格。当然,在圈子内这么说话完全没有问题,但是,假如客户不知道这些英文单词的含义,他可能就彻底迷失在你的表达当中了。

很多年前,我为一家国有地产公司的销售人员做培训。当时我刚从雅芳出来不久,说话的味道就是这样中西夹杂,结果上午的培训刚结束,对方公司的培训负责人就很委婉地跟我商量说:"宋老师,您看,我们的学员基本上都是大专或者大专以下的学历,平时工作中也基本接触不到英语,所以,您在讲课的时候,可否尽量少夹杂英语单词,我担心他们听不懂……"

那次之后,这家公司再也没有请过我给他们讲课,我心里清楚,原因就在于他们不太能够接受我土洋结合的表达方式。我痛定思痛,开始慢慢在培训课堂上纠正这个毛病。

三、避免过于极端的词语或观点

在职场表达中，你需要记住的一个原则就是避免使用一些把话说死的词语，这类词语很有可能会激起听众的反感，引发不必要的争执，甚至可能把你逼入窘境。我自己就曾经遭遇过一个尴尬的局面。

某次聚会，我认识了一位培训业同行。这位女士入行时间很早，也有自己的公司，业务发展很不错，于是我们开始探讨一些专业上的合作。随着话题深入，气氛越来越融洽，也就聊到了一些个人的爱好，发现我们都喜欢用微博，也喜欢在学习的"碎片化时代"，通过微博获取资讯。本来，这个话题可以让我们之间的关系更进一步，可以在微博上互粉的当儿，我发表了这样一个观点："我最讨厌某些女生在微博上晒自己的照片了，又是去哪儿旅游了，又是去哪儿吃美食了，又是在哪儿买了套新衣服了，又是在哪儿购了个新包，这种女生一定有暴露癖……"

说着说着，我发现对面这位女士的脸逐渐从红转白、从白转绿，正在我心想不对，琢磨该怎么往回收的时候，她幽幽地说："不好意思，我就有你所说的那种微博暴露癖，我除了在微博上看资讯以外，最大的爱好就是在上面晒各种照片，不仅有我的，还有我家孩子的，按照这种说法，我估计要删掉好几百张照片呢……"我只能厚着脸皮说："别删别删，我不是说你，我还想上你的微博去看看你晒的各种照片呢……"

看吧,这都是口无遮拦惹的祸。那么,如何选择词语,才能避免这些尴尬呢?以下我给大家列出了一部分尽量需要避免的词语,以及建议使用的词语(见表2-3)。

表2-3 表达中需避免或建议使用的词语

避免使用	建议使用
总是	往往
从不	通常
肯定	很少
从未	可能
永远	难得
一定	时常
绝对	很可能

说到这儿,我想提醒一下大多数的女性读者,你在和你先生或者男朋友沟通的时候,会不会也有使用极端词语的倾向或者是习惯?比如说,"你从来都不做家务"、"你每次都迟到"、"你用了东西永远都不会把它放回原位"、"你上了厕所肯定又没有洗手"……诸如此类的表达方式往往会引发男同胞的不满,他可能会举出哪怕是一个反例来加以反驳,"谁说的,上个月我还拖地了呢"、"刚刚我明明有洗手"……战火就可能开始升级了。因此,请记得给自己提个醒,少用那些绝对化的词语吧。

四、用比喻表达深刻道理

确定了关键信息和支持点以后,你还可以通过比喻来表达深刻的道理。比喻包括明喻、隐喻、引喻、博喻等，其中比较常用的是明喻和隐喻。它是市场营销、广告和公关宣传活动中常用的一种很有说服力的工具。

耶稣讲道的时候总要用比喻。当门徒问他原因的时候，耶稣回答说："因为他们虽然在看却是看不见，虽然在听但也听不到，根本是为了他们不懂的缘故。"

专业营销人员喜欢运用跟体育相关的比喻，比如，"我们都为同一个团队效力"、"这不是一场分组对抗赛，这是实战"。虽然用体育作比喻很有效果，但是在职场表达中，还是要尽量挑战自我，标新立异，超越听众对你的期望，这样才会收到更好的效果。

卡巴斯基反病毒软件的广告就有一个新颖而有趣的隐喻：画面上是一位身着盔甲的中世纪士兵，垂头丧气，背对着观众。标题是"别这么伤心，你一度非常优秀"。这条广告将今天的互联网安全技术公司（即卡巴斯基公司的竞争对手）比喻成笨重、老土的中世纪盔甲，当然无法和今天的军事技术媲美。卡巴斯基公司扩展其营销渠道，将这一隐喻发布到网站上，并将这一隐喻始终贯穿于公司所有的营销资料。

国内的企业家也不乏在表达中娴熟运用比喻技巧的高手，新东方集团的俞敏洪就是其中的一位。他在中央电视台《赢在中国》节目中，曾经发表过三个励志主题的演讲——小草与大树、蜗牛与雄鹰、河流，都是通过巧妙的比喻，激发听众无限的想象，并为他的激情所折服。

◆ **延伸阅读** ◆

小草与大树

我们人的生活方式有两种，第一种方式是像草一样活着，你尽管活着，每年还在成长，但是你毕竟是一棵草，你吸收雨露阳光，但是长不大。人们

可以踩过你，但是人们不会因为你的痛苦，而他产生痛苦；人们不会因为你被踩了，而来怜悯你，因为人们本身就没有看到你。

所以我们每一个人，都应该像树一样地成长，即使我们现在什么都不是，但是只要你有树的种子，即使被人踩到泥土中间，你依然能够吸收泥土的养分，自己成长起来。也许两年、三年，你长不大，但是，十年、八年、二十年，你一定能长成参天大树。当你长成参天大树以后，遥远的地方，人们就能看到你；走近你，你能给人一片绿色、一片阴凉，你能帮助别人。即使人们离开你以后，回头一看，你依然是地平线上一道美丽的风景线。树，活着是美丽的风景，死了依然是栋梁之才，活着死了都有用。这就是每一个同学做人的标准和成长的标准。

蜗牛与雄鹰

据说，世界上只有两种动物能够到达金字塔顶，一种是鹰，另一种是蜗牛。鹰和蜗牛，以往我从来没有把它们联系在一起。它们是如此的不同：鹰矫健、敏捷、锐利，蜗牛弱小、迟钝、笨拙；鹰有一对飞翔的翅膀，蜗牛却背着一个厚重的壳。当鹰和蜗牛同时到达金字塔顶时，蜗牛比鹰更值得骄傲和自豪。因为，虽然所站的高度一样，但蜗牛的起点与鹰有一段惊人的差距；虽然最终的结果相同，但蜗牛的爬行比鹰的飞翔要艰难得多。

每个人都希望自己生来就是鹰，但世上没有那么多的幸运儿。遗憾的是，有的人生来不是鹰，却又不愿意做蜗牛，因为他们大都耐不住蜗牛的孤独和寂寞，而把青春和生命白白地消溶在叹息和埋怨里。其实，蜗牛也希望自己是鹰，只是当现实告诉它那是不可能的之后，就明智地选择了自己的奋斗形式。登上金字塔顶的蜗牛，具有与鹰同样的成就感，只不过一个靠的是天赋，另一个靠的是勤奋。只有像蜗牛那样不断克服逆境中的磨难，才能拥有辉煌的金字塔顶。朋友，如果没有鹰的天赋，那就做脚踏实地、勤勤恳恳的蜗牛吧！

> **河流**
>
> 每一条河流都有自己不同的生命曲线,但是每一条河流都有自己的梦想,那就是奔向大海。我们的生命,有的时候会是泥沙,你可能就像泥沙一样,慢慢地沉淀下去了。一旦你沉淀下去,也许你不用再为了前进而努力,但是你永远见不到阳光了。所以我建议大家,不管你现在的生命是怎么样的,一定要有水的精神,像水一样不断地继续自己的力量,不断地冲破障碍。当你发现时机不到的时候,把自己的厚度给积累起来,当有一天时机来临的时候,你就能够奔腾如海,成就自己的生命。

五、用类比引发大家的共识

类比是比喻的近亲,是将特定事物附带的信息转移到其他特定事物之上的认知过程,是由两个对象的某些相同或相似的性质,推断它们在其他性质上也有可能相同或相似的一种推理方式。巧妙借用类比,可以帮助我们理解那些对我们来说可能相对陌生或者是更为抽象的概念。

"微处理器就像是计算机的大脑",这是英特尔公司运用得很成功的一个类比。在许多方面,芯片对于计算机犹如人类大脑一样具有类似的功能,这个类比也常被媒体广泛运用。乔布斯同样喜欢运用类比,并乐此不疲,尤其是当类比适用于其竞争对手微软公司时。在接受《华尔街日报》专栏作家沃尔特·莫斯伯格采访时,乔布斯指出,很多人说iTunes是他们最喜爱的Windows应用程序之一,"这简直就像给一个在炼狱中饱受煎熬的人递上一杯冰水"。当你发现了类似这样精彩的说法时,不妨记下来,用在你需要表达的场合中。

IBM公司前董事长郭士纳同样善于运用类比,他在1998年IBM股东大会上的

讲话中就曾经做过一个非常脍炙人口的类比：

"我们计算机存储装置业务的复兴 1997 年呈持续增长的态势，这是因为我们在磁盘驱动的技术上下了大工夫。我们的团队为密集性存储创立了世界新纪录，并发明了世界最高能力的 PC 驱动器，其体积只有录音机磁带大小，但是容量相当大——如果打印成纸摞起来，比约翰·汉考克大厦还高。这已经相当棒了，但是我告诉我们负责存储装置的团队，今年，我想让摞起来的纸比西尔斯塔还高。"

至于如何运用类比，我会通过一些更直观的例子来让大家体会。

案例一：2007 年 8 月，广州市机动车保有量超过 100 万台。

这是当时广州新闻频道主播在一则新闻中提到的数字。如果我问你 100 万台机动车保有量对于一个城市来说，到底是多还是少的时候，你千万别直接告诉我答案，否则你就中了圈套，因为，多或少都是相对的概念。相对于一个只有 10 万台车辆的城市来说，当然是很多，但相对于北京这种机动车保有量超过 300 万台的城市来说，那就不显得多了。

如果我们加上另外一个前提，那就是广州市 2006 年年底的机动车保有量为 70 万台，到了 2007 年 8 月已超过 100 万台，这也算很多。关键的问题又来了，100 万台车究竟有多"多"？这个抽象的数字如何能通过类比的方式，让每一个听众在头脑中直观地加以感受呢？主播是这么说的，"设想一下，如果这 100 万台车排成一列的话，可以从广州排到新疆……"这个时候，听众的头脑中也许就会浮现出这样一幅蔚为壮观的画面：广州到新疆的公路上，一辆接一辆，都是粤 A 牌照的汽车。如此一来，就完成了从抽象数据到直观感受的转化。

图 2-19

案例二：在北京奥运会男子 100 米蝶泳比赛中，菲尔普斯以 0.01 秒的微弱优势取得冠军。

在 2008 年北京奥运会上，美国人菲尔普斯横空出世，席卷泳坛，掠下了 8 枚金牌，其中包括男子 100 米蝶泳，他只以领先第二名塞尔维亚人查维奇 0.01 秒的微弱优势获胜。问题是，对于普通的大众来说，0.01 秒到底有多微弱呢？人们对于这个瞬间时间普遍没有直观的体验，如何通过类比的方式，来调动每一个人都有的人类共同的底层体验呢？且看高明的记者是怎么做到的——"在国际顶级的游泳比赛中，0.01 秒相当于一个指甲盖的距离"。这会儿，你是不是开始忙着把书放下，伸手看自己的指甲盖了？是不是也能够想象到菲尔普斯和查维奇之间争夺的激烈程度了？原因就在于，记者成功地通过类比，将"0.01 秒"这样一个时间概念转化为"一个指甲盖"这样一个空间的距离概念。

图 2-20

案例三：北京奥运会女子 58 公斤级举重冠军陈艳青 20 年来刻苦训练，举起的杠铃重量超过 20 万吨。

陈艳青是北京奥运会上女子 58 公斤级举重冠军，记者赛后采访她的时候，被她刻苦训练的精神深深地打动。至于她究竟有多么刻苦，数据为证：20 年来举起的杠铃重量超过 20 万吨。20 万吨究竟是个什么概念？估计 99% 的普通人都无从得知，

图 2-21

于是记者换了一种方式表述:"相当于举起了1000架波音747飞机。"如此一来,相信读者就能够有更为直观的感受了。

一个体重不到120斤的弱女子,在过去的20年间,每年举起的重量相当于50架波音飞机,基本上一周一架,这不仅是刻苦,简直就是疯狂!人们对于陈艳青的敬佩之情,更是油然而生。

通过以上三个案例,对于在表达中如何通过类比的方法,有效地将相对陌生、抽象的概念、数字"转化"为大家都能感受到的体验,相信你应该有了深入的理解和掌握。

六、用图表说话

根据认知心理学家多年来的研究总结,人类的感知来源主要分为视觉、听觉、触觉和感觉。这三种感知来源贡献的比例差异很大,其中77%来自视觉,14%来自听觉,9%来自触觉、感觉。

对表达者来说,如果条件允许,运用PPT,借助图表来增强表达的效果无疑是个不错的选择。我们经常会听到这样的说法,"言不如字,字不如表,表不如图"。这是因为听众天生对具有视觉冲击力的表和图更容易形成深刻的印象。

如果你对如何将数据转化为各类图表特别感兴趣的话,我推荐你读麦肯锡金牌演示专家基恩·泽拉兹尼写的畅销书《用图表说话》。尽管有替麦肯锡吹捧卖广告的嫌疑,但我还是得说,图表和演示是麦肯锡咨询顾问们独步天下的工具,麦肯锡为此倾尽几十年的精力不断加以改善,直至完美。它会教你怎样把信息和思想变成令人信服的有影响力的图表,使听众明白无误地理解你的意图。

当然,我还是愿意分享一些实战中的例子,让你获得直观的理解和感受。下面介绍一个我曾经辅导过的企业的例子。南方一家地产销售公司主营业务就是帮助地产商卖房子,赚取佣金收入。图2-22这张关于项目推广费用的PPT是他们面向客户介绍营销方案的一部分。

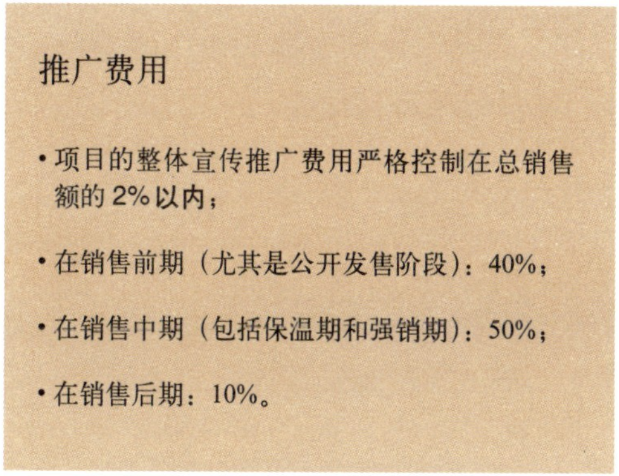

推广费用

- 项目的整体宣传推广费用严格控制在总销售额的2%以内;
- 在销售前期(尤其是公开发售阶段):40%;
- 在销售中期(包括保温期和强销期):50%;
- 在销售后期:10%。

图2-22

简单分析一下这张PPT,你就会发现其中存在的问题。首先,PPT的标题"推广费用"不是一个有效的标题,因为这四个字无法让听众迅速、直接地了解他们的观点和立场;其次,列出的四个数字无法让听众形象、直观地理解数字背后的含义。在辅导的过程中,我建议他们尽量做到用图表说话。方法很简单,ABC!

步骤A:确定要表达的主题。

这个案例中,主题就是推广费用的占比,以及在销售过程中的配置。

步骤B:确定对比关系(从主题到对比关系)。

通常来说,数据之间存在以下五种对比关系:

- 成分:总数百分比;
- 项比:项类排列顺序;
- 时间序列:随时间改变;
- 频率分布:在一定范围内的项类;
- 相关性:几个变数之间的关系。

在本案例中,对比关系其实很简单,就是成分关系。

步骤C:选择图表形式(从对比关系到图表)。

图2-23是对比关系与图表之间主要的对应关系图,从中不难看出,圆形图表(饼状图)比较符合要求。

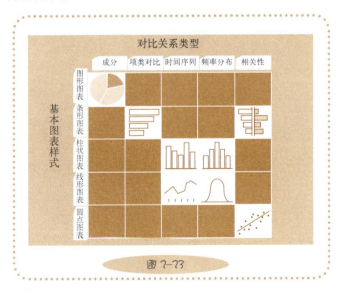

图2-23

基于以上分析,我将整页PPT从标题到呈现形式做了如下调整(见图2-24),看上去是不是更加生动、直观,同时也更容易抓住听众的注意力?

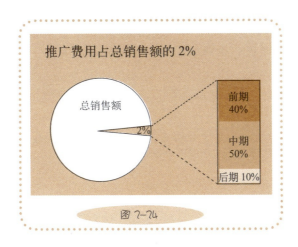

图 2-24

七、一张图片胜过 1000 个字

除了图表,很多时候,职场表达还需要借助图片的力量。你如果能在恰当的场合下,展现出一张精彩的图片,其效果远远胜过气吞山河地讲述 1000 个字。

2004 年,我在读 MBA,其中一门课程叫做"组织行为学",教授这门课程的是一位可爱的英国老头 Jeff,中文名叫"姐夫"。学期结束的时候,"姐夫"除了要求我们写一篇论文外,还要做个人呈现,用 10 分钟的时间汇报自己在这门课程中的学习心得。

在准备汇报内容的时候,我就一直在想,全班 50 位同学,每个人要说的内容基本上也不会有太大的区别,我如何在呈现的方式上有所创新,让"姐夫"眼前一亮呢?很快,我就想到了,用图片!多亏平时持续的积累,不费吹灰之力,我就在电脑的图片库中找到了合适的图片,用于我的现场呈现。

开篇的汇报,我就用了下面这张图(见图2-25):"大家好,我在组织行为学课程中所学到的和这两头驴有关。"

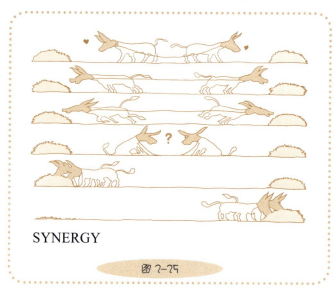

图2-25

"姐夫"前面已经听了20多位同学的汇报,相似的内容与模型已经让他有点昏昏欲睡。一看到我呈现的图片,老爷子就乐了,而图片下方的英文单词SYNERGY(协同)正好又是他老人家在课堂中多次强调的。

汇报的最后,我又用了图2-26中的这张图片,同时说了一段话吹捧"姐夫":"在您的课堂上,我们不仅学习了组织行为学的知识,更为重要的是,我们学到的技能就像这只老鼠一样……"

"姐夫"一看到这只可爱的老鼠,又哈哈地乐了。我接着说道:"那就是像这只老鼠一样,面对恶劣的环境和潜在的危机,它学会了策略性思考,创造性地运用新方法解决问题!"听到这儿,"姐夫"非常认同地点了点头。

图 2-76

即使你不问,我也一定要告诉你,"姐夫"最后给我的汇报评了全班最高分,还亲自给我颁发了奖品——一对精致的玫瑰花袖扣。

 职场感悟

熟读文件,领会精神,汇报发言有境界

我有一位朋友,一年前从A银行调到B银行的人力资源部门,从事培训管理工作。尽管她在新公司、新岗位上工作时间不太长,但和部门领导开了几次会下来,很快就让领导对她印象深刻,评价很高:"有思想、有觉悟,能够领会总行的政策和方向,可以重点培养。"

周围的同事都很佩服她,纷纷向她请教,怎么可以在这么短的时间内就能够如

此深入地了解一家新的银行，而且得到领导的赏识？她是一个很大方的人，于是就和大家分享她的经验和心得。

她一调到B银行，就想办法收集过往三年来B银行的董事长、人力资源部总经理等银行领导在各种会议上的讲话材料。"千万可别小看了这些工作报告、年度汇报材料。很多同事都觉得这些讲话空洞无物，基本上只是官样文章，所以经常只是一扫而过，而我会认真阅读，反复琢磨，并且把其中的一些关键信息摘抄下来。这些关键信息多数和总行的发展方向、战略重点、领导的核心理念密切相关，吃透这些内容，在自己的书面报告、口头汇报中有机地加以融合，就能够让自己表达的境界提升一个台阶，自然也更加容易得到领导认可。"

家庭小·作业

请根据这些数据画出尽可能多的图表草图，越多越好：

一月份地区销售百分比		
	A公司	B公司
北	13%	39%
南	35%	6%
东	27%	27%
西	25%	28%

延伸阅读

卡迈恩·加洛著．徐臻真译．《乔布斯的魔力演讲》．北京：中信出版社，2010．

第三章

优质的表达有章可循
——每个人都是好导演

一句顶一句
说着说着就成了

> 一篇成功的演讲，必须在事前有充分的准备，但在演讲时又让人觉察不到有准备的功夫。
>
> ——林语堂

了解完表达的对象、表达的结构与内容后，接下来将重点讨论表达的完整流程，以及流程中每一环节的关键点。

第 1 节
一次完美的表达只需三步

面对职场中的听众，每个表达者都是自己的导演，而作为导演，就需要完全把控表达过程中的每个环节。当然导演的水平有高低之分，经验有多寡之别。我希望能在这一章节帮助各位表达者解决两个核心问题：一是面对听众时如何让整个表达过程自然流畅、一气呵成，而不是结结巴巴、断断续续；二是在表达的过程中出现一些意料之外的情形时，如何冷静、机智地加以应对，搬开可能出现的各种绊脚石。

2006年，我作为公司培训研发部门的负责人，应销售部门一位新同事的要求，和他共同拜访青岛一家知名企业的培训经理。这家

一句顶一句

企业在家电行业内非常有名气,每一年都会投入巨额资金用于员工培训,其中很大一部分预算用于与外部的培训顾问机构合作。尽管此前我们和对方没有任何合作记录,甚至没有见过面,但销售部门的同事希望能够通过一次登门拜访,表达我们与对方合作的意愿,争取合作机会。不幸的是,拜访的结果非常失败。如果要用一句话来总结最主要的原因,那就是在和对方会谈时,整个过程非常失败。

我们抵达对方公司是在下午2点,对方负责培训的傅经理将我们引入会议室后,很客气地为我们沏茶,寒暄了几句后,我正准备开场,未想到同行的同事以为自己之前和对方通过电话,相对更熟悉、更亲切,抢过话头就说:"傅经理,我们这次专门从广州过来拜访您,主要就想看看我们有没有什么合作的机会,贵公司是行业知名企业,上上下下也很重视培训,我们公司有很好的课程和老师,服务也很不错……"还没讲完,傅经理就打断了他:"不好意思,我们之前只是通了两次电话,不是很熟,对你们也不了解,还远远没到谈合作的时候。而且,我们每天都接待培训顾问公司,都说自己服务好、课程好、讲师好,可实际上皮包公司多的是。我相信你们有自己的优势和擅长的领域,但老实说,我尚未看到,等以后再说吧。"

那次的会谈最后只是草草地进行了20分钟,傅经理就以接下来有会为借口,匆匆结束了会面。我的同事在离开对方公司的时候,情绪很沮丧,他知道自己没做好,但一时又没想明白到底是哪个环节出了问题。

表达的过程并没有我们想的那么复杂,在我看来,一次完美的表达只需要三步——引人入胜的开场、流畅有力的过程陈述、让人印象深刻的结束语。

在围绕这三个步骤展开讲解之前,需要先澄清一个问题,就是为什么要把整个表达的过程分为三个步骤?为什么不是一个步骤,或者两个步骤?原因在于作为表达者,必须要跟听众在注意力的节奏上保持同步。毫无疑问,在整个谈话过程中,你期望听众关注你说的内容,并且能够跟你的思想同步,毫无障碍地理解你所表达的内容。否则,根本无法达到你期待的表达效果。但是,听众是否如你所期待的那样,总是能乖乖地跟随你的思路呢?答案一定会让每一位表达者失望。

如图3-1所示,你可以设想一下,当一个人开始讲话时,作为听众的你,100%准备好了没有?很可能还没有。你的脑子里也许还在思考另外一件事情,比如说微博上的一句话,或者家里人的一句嘱咐,等等。这个时候,你的大脑尚未处于真正的接收状态。

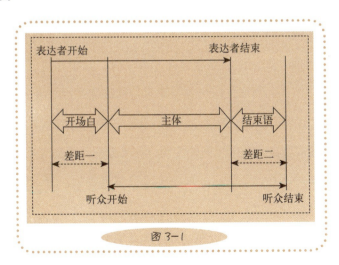

图3-1

由此可见,在"表达者开始"与"听众开始"之间,就存在着"差距一",这个差距需要通过表达者的开场白有效弥补。也就是在讲话开始的时候,表达者不能急

于倒出想讲的内容，要跟听众先有一个预热，也就是有一个开场白。

等听众热完身，注意力都集中起来后，就可以进入主体环节了。在讲完一个章节的内容后，作为表达者的你下意识地打住，直接跳入下一个章节，但是听众的思路十有八九仍然停留在你刚才的话题当中，并不会随着你自动跳转，这时"差距二"就出现了。如何解决差距二呢？很简单，通过结束语的方式，回顾、小结刚才的内容，给听众一个明确的信号。通过以上的图示加说明，现在你应该能理解为什么要把表达分解为三个步骤的原理所在了吧？

一、听众的记忆力曲线

即使是一次 10 分钟的讲话，你也不能奢望听众从头到尾都保持高昂的注意力。回想一下小时候上学的经历，一堂课 45 分钟，你可能只有最前面的 5 分钟注意力高度集中，眼睛盯着老师，双手背在身后。如果这个过程中，老师始终没有关注过你，如让你回答问题，时间一久，你的注意力就逐渐下降，开始和前后左右的同学说说小话，或者做点小动作，直到这堂课快要结束时，你的注意力才又会回到老师那里。

表达也是如此。任何一个听众的注意力变化都会呈现出类似于图 3-2 所示的曲线，开始的时候他的关注度会高，随着时间的变化，如果没有一些来自于表达者主动设计的刺激，如提问、交流、互动，听众的关注度就会越来越低，等到你快要讲完的时候，他的关注度又会提升。

你一定会问，究竟听众的记忆力曲线对于表达过程会有哪些启发？告诉你，启发有三点：第一，你需要把最核心的观点和内容放在最前面讲，因为这个时候听众的关注程度比较高；第二，当听众的记忆力曲线出现下滑时，你就需要有意识地设

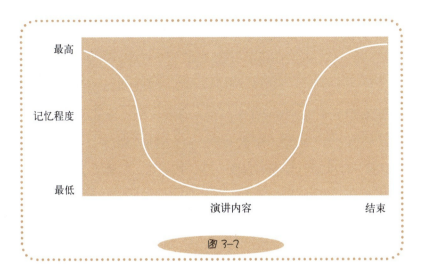

图 3-7

计一些巧妙的方法、技巧去创造新的刺激,把听众的记忆力曲线再度拉升到一个比较高的层面上;第三,在你的表达快要结束的时候,听众的记忆程度和关注度都会比较高,所以这时你可以通过一些特定的字眼去刺激他,比如:"我想说的最后一点是……""在结束我的整个讲话之前,我还想对各位再次重申一遍……"

通过这样的字眼提醒听众你已经讲到最后了,他需要关注你的哪些内容。这都是你在表达的过程中需要学会并遵循的规律。接下来,就一起来体验一下表达的全过程吧。

二、完美表达三部曲

1. 惊艳,始自开场

如果你是京剧票友,你一定会知道,戏曲表演艺术有一个独特的招数,就是演

员"上场亮相"。不管生、旦、净、末、丑,在第一次出场的时候,都要在"上场口"站那么一下,亮一个相。别看这只是短短的一个停顿,对于一个演员来说,却有着非常重要的意义。有的演员出场,一站一亮,光芒四射,神采夺人,使全场精神为之一振,被他牢牢吸住,神向往之,下面的戏,就容易见好。有的演员上场,照例走出来,停一下,毫不起眼,暗淡无光,观众对他的出现,完全没在意,漠然视之,甚至还泛起一丝失望,下面的表演,要赢得观众,就费劲了。

表达也是这个道理。任何一个好的讲话都需要有一个精心设计的开场,开场开得好,整个表达可以说成功了一半。

(1) 第一印象决定了开场很重要

心理学中有个概念叫首轮效应,也叫首因效应、第一印象效应。其核心之处在于:人们在日常生活中初次接触某人、某物、某事时所产生的即刻的印象,通常会在对该人、该物、该事的认知方面发挥明显的甚至是举足轻重的作用。对于人际交往而言,这种认知往往直接决定着交往双方的关系。

首轮效应在职场中的运用非常广泛,比如说招聘面试。通常而言,一个完整的面试平均持续 45 分钟到 1 个小时,但心理学家告诉我们,面试官对于是否愿意给应聘者进入下一轮面试的机会,或者直接录用,决定在第一分钟就已做出。后面的面试时间用来干什么呢,更多是通过提问、沟通来印证他做出的决定是对的。

这种心理机制对于表达者的启发在于,第一分钟的精彩亮相与精彩表达,对能否打动听众,作用和价值非常大。

我们可以用一个比喻来说明开场的重要性。很多时候我们讲职场表达的过程就跟飞机起飞和降落是一样的,飞机起飞阶段就相当于表达者的开场阶段。起飞阶段所需要的时间以及危险系数是最高的,因为在这个过程中,飞机需要克服地心引力,这就必须经过跑道上滑行、加速，然后再脱离地心引力拔地而起这样一个过程。与之类似，讲话刚开始的时候，表达者跟听众的关系尚未充分建立，需要花更多的时间和精力"破冰"，破冰之后，相对就能更加轻松自如地驾驭表达的过程了。

2011年，网络上流行这么一句话，"我们已经走得太远，却忘了为什么出发"，充分反映了当下社会某些突出的问题。

对于表达而言，这句话同样意义深远。很多时候，你说了一堆内容，但是却没搞清楚表达的目的究竟是什么。通常来说，开场白阶段要达到的目的主要有这么几个：

第一，跟听众建立联系。我经常强调整个表达过程必须是一个化学反应的过程，绝不能只有物理反应，而与听众建立联系是发生化学反应最基本的前提条件之一。

第二，在听众当中建立可信度。也就是说需要通过开场白中短短的一段话，一分钟内让听众感觉到对面这个讲话人是可以信赖的。

> 我的一个朋友是某国际知名咨询公司的合伙人。有一次，他到广州为一些知名外企的人力资源总监做领导力主题的演讲。我作为他多年的老朋友，也出席了那次活动。在开场的环节，他是这么说的："我很高兴再次回到广州，我对这座城市以及这座城市的人有着非常特殊的感情。为什么呢？当我15年前大学毕业的时候，我就来到了广州，在这座城市工作、生活了10年的时间。今天我们所在的这座大楼就是我原来办公的地方，我感到很亲切，对在座各位也感觉特别亲切。我相信，有这样的情感联系在，今天下午我们的交流会更加充分，也能够带给各位一些帮助和启发！"

他动情地说完这些话之后,在座每一位听众都情不自禁给他以热烈的掌声。不知不觉间,他和听众已经建立起非常好的联系与信任。

第三,激发听众的兴趣。如果你在这个阶段激发不了听众对于你的兴趣,那么你将很难让他在后续过程中持续关注你。

第四,概况性地描述整体要表达的内容。没有概况性描述,听众可能就不知道你整体要讲什么,接下来也许就会怀疑、挑战你所要表达的内容。所以说,在给听众具体的树木之前,一定要让他对整个森林的概貌有一个整体了解。

(2) 手段服务于目的,开场可以很有趣

前面我们提到,你在开场之前,必须非常清楚自己通过表达要实现什么目的,这一点非常关键。基于对目的的清晰把握,你可以通过一些手段来实现有效开场。

手段一:讲故事。

相信绝大多数听众都喜欢听故事,尤其是喜欢听表达者讲述他自己的亲身经历。通过讲故事,你可以有效拉近和听众之间的距离,并为接下来要切入的主题有效预热。

2004 年,我给深圳某基金公司做提升职场表达能力的培训,在做开场白练习的时候,公司的张总给大家讲了"清洁女工买基金"的故事,很好地抓住了听众的注意力,也激发了听众的兴趣。张总的故事是这样的:

> 7 年前的一天,有一位基金经理在公司的茶水间,遇到给他们楼层做清洁的李阿姨。李阿姨过来跟他道别,说马上要回河南农村老家去了。这位基金经理当时听了觉得很惊讶,便问李阿姨:"你在深圳不是干得好好的吗?怎么要回去了?"李阿姨说她在老家盖了一

栋房子，20万元，房子很大，加上儿子要结婚生孩子，所以自己也要回家养老去了。基金经理接着问盖房子的钱是咋来的，因为这对张阿姨来说也不是个小数目。李阿姨骄傲地说，一小部分是老家的人攒的，大部分都是她在深圳挣的！基金经理听了就更好奇了，李阿姨做清洁，一个月也就几百块，怎么能挣这么多呢？这时，李阿姨对他说："这就要谢谢你了！俺买了基金赚的，还赚得不少，翻了两倍多呢。俺没有文化，不懂炒股，也不懂电脑，就让公司的年轻人帮俺买基金，买了好几年了。"

讲到这儿，张总顿了顿，望着台下问道："大家想知道李阿姨买的是哪家基金公司的产品吗？"台下的听众异口同声说"想"！张总淡定地说："买的就是我们基金公司的产品，我就是那个产品的基金经理。今天，我是来向大家重点推介我们公司的一款新产品的。"

手段二：提问题。

除了讲故事，表达者也可以通过提问题的方式来开场，如果运用得当，同样能快速抓住听众的注意力。

有一次，我给广东省电信设计研究院的设计师们做职场表达力提升训练，一位女学员跟大家分享了这样一个案例。

在演讲开始之前，这位学员站在台上，给所有听众提了这么一个问题："请问大家1.1的100次方是多少？我给大家四个可选项，A.等于5；B.等于10；C.等于1000；D.大于10000。"

这时候台下的听众便开始活跃起来，有的选A，有的选B，有的

> 一句顶一句

选C。等大家都作出选择后，她微笑着对大家说："不好意思，你们选择的答案都不对，正确的选择是D，大于10000。事实上这个数字是13780！"

当她公布完这个巨大的数字后，所有人都沉默了，静静地听她解释下面要说的内容。果然，她接着说道："很多时候，我们的年轻设计师们做电信规划结构设计时，所绘制的图纸都无法做到完全精准，有的时候会少那么一点，有的时候会多那么一点。也许他们觉得多一点或者少一点对于图纸的质量影响不大，可是，通过刚才这个问题，我们发现，每个环节如果都有那么一点偏差，一百个环节累积在一起，可能就会给最后的结果带来巨大的影响，造成不可估量的损失！"

女学员的话音不高，但她所说的每一个字都印进了听众的心坎里，对于她接下来要讲的"电信规划设计的质量管理"，所有人都认真地开始聆听起来。

手段三：自我介绍。

自我介绍属于比较中规中矩的开场方式，适用于第一次与客户或者新同事见面等场合。自我介绍看似简单，但要想介绍得出彩，同时让听众印象深刻，其实并不容易。其中的重点在于，突出表达者的关键信息，减少无效信息的干扰，找准与表达主题之间的内在关联。

我有一位培训师朋友程老师，主攻销售类课程，他在实施培训前的自我介绍就非常有特色，同时也非常有力量。每次培训开场前，他都会用三句话来介绍自己：程老师过去16年来只做一件事情，就是销售；程老师过去7年来只做一件事情，就是培训；程老师过去5

年来只做一件事情，就是给移动公司做培训。

所以，不管程老师到哪个省份的移动公司做培训，他的第三句话介绍完之后，所有学员的目光都会齐刷刷地聚集到他身上来。

请想想看，如果你要做自我介绍，你身上有哪些闪光点能够一下子抓住听众呢？

手段四：万能开场公式——PIP。

除了以上三种手段，你还可以学习并且运用这样一个万能开场公式——PIP。

第一个P指的是Purpose，即目的。无论你做哪种表达，在开场白的环节，都要向听众交代清楚你的目的是什么？目的交代得越清楚，听众对于你接下来所讲的主题以及核心观点的接受与认可程度就越高。

中间的I指的是Importance，即重要性。开场的时候，如果你能够向听众说明你所表达的主题对于他们为什么重要，听众就会更加关注你所讲的内容。

最后一个P指的是Preview，即概览。我记得小时候，电视节目很有限，只有中央一套、中央二套等少数几个频道。每天晚上所有的节目都结束后，会有一个第二天的节目预告，早上从几点到几点是什么节目，下午从几点到几点是什么节目，晚上几点是什么节目，清清楚楚。表达也是一样，在开场的时候，你需要把整个"树林"完整地呈现给听众，让他们心中有"数"。

再强调一遍，无论你用什么方式开场，永远都要想清楚，开场白本身只是手段，关键是你要实现的目的是什么。如果只是为了开场而开场，那就相当于在战场上，士兵把"预备—瞄准—射击"的顺序改为"射击—预备—瞄准"了。

(3) 开口之前，搞定紧张

10分钟后，你要站上讲台，台下黑压压地坐着数百位来自全国各个分公司的同

事,作为公司财务部门的负责人,你需要向他们宣讲2012年的财务政策。与2011年相比,公司的财务制度与费用审批流程发生了很大的变化,你不确定你是否能说清楚其中的关键,你也不知道台下的听众会有什么反应……你发现心跳开始加快,手心开始冒汗,上一位演讲者说的内容你一个字都听不进去,你想再去一趟洗手间,但是时间好像有点来不及了……

上面所描述的场景你可能并不陌生,也许你就是场景中的那个主角。对于大多数表达者来说,开口之前需要攻克的一个共同难题就是紧张情绪。场合越正式、听众越权威、结果越在乎,表达者就有可能越紧张。事实上,适度的、积极的紧张能够帮助职场表达者聚集全身正面的能量,让表达更有力量。当然,如果你不幸成了紧张情绪的俘虏,那么基本上可以断言,你的表达效果会很糟糕。

① 紧张情绪在哪里

现在,我们先来弄明白表达时的紧张情绪藏在哪里。

回想一下你最近一次发表演讲的经历,对照表3-1所列的紧张征兆,看看哪些符合你当时的表现。

表3-1 紧张情绪对照表

	紧张征兆	发生在表达之前	发生在表达当中
声音	颤动或尖锐		
	单调		
	变成高音		
语速	太快或太慢		
	口吃、犹豫		
	少字、少停顿		
	使用口头语		

(续)

	紧张征兆	发生在表达之前	发生在表达当中
嘴和喉咙	唾液过多		
	口干舌燥		
	反复清嗓子		
	反复咽口水		
	呼吸困难		
	呼吸微弱		
面部表情	缺乏表情，死板		
	肌肉僵硬		
	愁眉苦脸		
	很少和听众有目光接触		
臂部和双手	僵硬		
	来回摆弄		
	紧握讲桌		
	缺乏手势		
	挥舞手臂		
	颤抖		
站姿	踱步		
	摇摆		
	拖着脚走		
	站立时交叉双腿		
生理反应	胸闷		
	心跳加速		
	皮肤泛红		
	汗流不止		
	胃疼		

需要声明的是,作为表达者,无论有什么样的紧张征兆,其实都是正常的。无所谓你选择哪一项,重要的是了解它们,而且知道它们是发生在表达前还是表达当中。

② 如何应对紧张情绪

在具体介绍如何应对紧张情绪之前,我先给大家看一张图片。

如图 3-3 所示,一位胖哥正在照镜子,镜子里面浮现出来的形象不是这位胖哥,而是帅气有型的贝克汉姆!为什么会这样?我们看图片的上方有一句话,"What matters most is how you see yourself."意思就是"(不论你是谁)最重要的是你如何看待你自己!"就像镜子前的这位胖哥,当他认为他自己是贝克汉姆的时候,他就是贝克汉姆;相反,如果是贝克汉姆在照镜子,他觉得自己越来越胖,那他就变成了胖哥。

图 3-3

这幅图片对于表达者最大的启发就在于，表达之前什么最重要？信心最重要！情绪说到底是一个心态的问题。美国职业橄榄球联会前主席 D. 杜根曾提出过著名的杜根定律：强者不一定是胜利者，但胜利迟早都属于有信心的人。这告诉表达者，你要给人看到的永远是你非常淡定。你很有信心，告诉自己你一定能够成功，你就肯定会做得非常好。

看到这，你可能有点着急了，究竟该如何有效应对紧张情绪呢？接下来，我会将我所知道的各种实用的方法告诉你，但在此之前，有两点需要事先说明。

第一，适度紧张是一件好事情。表达者只有在一定的紧张状态下，注意力才会更加集中，大脑才会高速运转。每个人在做事情的时候都需要能量的支持，尤其是来自内心的情绪能量，这种能量可能是正面的，也可能是负面的。过度焦虑与紧张所代表的就是负面能量，它会在你的身体内到处乱窜，使你手足无措、不知所云；而积极正面的能量能够让你紧绷成一种战斗状态，超水平发挥。

第二，应对紧张情绪的方法有很多种，但并不是每一种方法都适合你。作为一名表达者，你需要做的就是去找到最适合你自己的方法，加以有效运用。曾经有一位学员在课堂上和我分享过他克服紧张情绪的"偏方"，就是用指甲尖拼命掐自己的指头，直到掐痛为止。当时，这个"偏方"被公认为具有一定的自虐倾向，遭到班上的全体学员一致唾弃。明白了这两点之后，我们还是来看看有哪些"正规"的方法吧。

妙法一：充分的准备。

好的准备是成功的一半，为任何表达去做充分准备都不为过。本书前两章其实都在教你如何做充分准备，第一章是对于听众的分析与了解，第二章是关于表达内容的剪裁与提炼。除此以外，你还可以通过反复排练，让自己的准备工作更加充分，

增强信心，消除内心的紧张情绪。

2008年，美国TOASTMASTERS俱乐部的中国年会在广州举行，当年度全球TOASTMASTERS演讲冠军Craig来到中国，与国内的演讲爱好者分享他如何成为该俱乐部历史上最年轻的全球演讲冠军。当被问到在面对上千人的演讲场合，他如何能够保持镇定，并且一举征服所有的评委和听众时，他回答说："当我真正站在那儿面对上千双眼睛之前，我已经在自己家里，对着镜子、对着我的家人和朋友，甚至是在我的头脑中做了一千遍以上。所以，当我真正站在镁光灯下，开始演讲的时候，我觉得很自在、很放松，就像我在家里一样。"

Craig的经验值得每一位表达者借鉴，那就是反复的排练能帮助表达者通向成功的彼岸！

接下来的问题就是，在正式讲话之前，如何有效排练呢？以下提供几种方法给你参考。

一种方法是对着镜子练。对着镜子练的好处非常明显，你可以清晰地观察到自己的身体语言，包括站姿、手势、眼神，以及是否在微笑。人类其实是一种非常自恋的动物，对着镜子中的自己，你会情不自禁地微笑。请记住，这种微笑的、自信的神情就是你面对真实听众时所需要具备的感觉。

我从2001年开始入行做培训师，最初只能做最简单的新员工入职培训。每次要实施培训的前一个晚上，我都会对着镜子，一板一眼地演练几遍开场白。可以说，这对于我克服紧张情绪帮助很大。

另一种方法是找一些听众来对着练。你可以得到听众最直接的反馈与点评,并能基于听众的建议有针对性地优化与调整。听众可以是你的亲戚、朋友,也可以是你的同事,最理想的当然是专业的教练。

> 我在IBM做咨询顾问的时候,有一次要去深圳拜访一个重要客户——某跨国公司亚太区人力资源总监,需要用英文向这位总监介绍咨询方案。这个客户对于我们开发整个华南市场非常重要,我的老板专程从美国飞过来,和我一起参加会议。对我而言,老板越重视,结果越重要,我的心理负担也越沉重,以致有一些焦虑和烦躁。出发前的晚上,我做好PPT,然后干脆请我的父母和太太作为听众来听我讲一遍。我父亲很纳闷地说:"你说的是洋文,我连拼音都听不全,怎么给你提意见?"我告诉父亲:"你只要关注我讲的整个过程就行了,看看我有没有哪些地方可以改善的。"于是乎他们就坐在下面听我完整地讲了一遍。讲完以后,父亲开始点评:"我觉得你很紧张,因为整个过程你都没有停顿,另外你基本上一直都在盯着电脑,根本没顾得上看我们,如果我是那个公司的老板,早就不想再听下去了。"根据父亲反馈的几点意见,我开始重新调整呈现的结构与表达的方式,最后取得了不错的效果。

妙法二:积极的心理暗示。

前两年流行一本心灵励志书,叫做《秘密》(*The Secret*)。书中阐述了一个成功的法则——吸引力法则。基本原理是:人类所有的思维活动,都会产生某种特定的频率(脑电波),而这种频率就好比杜鹃用于求爱的信号、蝙蝠用来探路的超声波。它会吸引同样的频率,引发共振,从而将人们思维活动中所涉及的任何事物吸引到

自己面前。因此，我们应该尽可能地摒弃一切负面的思维活动，每天尽量想着正面的、我们所期待的事物，这样最终我们才能走向成功。

同样，在职场表达中，积极的心理暗示能给你带来积极、正面的心理能量，帮助你发挥得更加出色。有意思的是，从民族属性来看，绝大多数的东方人倾向于用一种自我否定的方式来面对自己、面对他人，而欧美人则更多是从自我肯定的角度，给自己积极的心理暗示。

在国外，每逢考试之前，你如果问任何一个中国学生准备得怎么样，有几成把握，99%的学生都会拼命摇着头，告诉你说不行不行，还没准备好。哪怕他自己其实已经把教科书翻得滚瓜烂熟了，但是他一定不会把这种成竹在胸的感觉表现出来。但是，如果你去问来自欧美国家的同学，他多半会自信满满地告诉你，没问题，肯定不会挂科！可实际上，很可能他是昨天晚上才开始看书复习的。

如同《秘密》一书所揭示的那样，很多时候你从积极的、自我肯定的角度出发，最后得到的结果就是一个正面的结果；你如果以否定的、负面的心态想问题，可能那个结果就如同你想的那样，以失败告终。听起来有点唯心，但事实就是如此。

在英国读书的时候，我有一位同学是尼日利亚人，名叫克里斯，我和他曾经作为一个项目团队，帮助英国的一家培训公司实施市场营销战略的项目。项目本身属于MBA课程的一个组成部分，强调运用MBA课堂所学，操作真实的咨询项目，帮助企业客户解决实际问题。最终，咨询项目所取得的成果会计入我们的学习成绩当中。

我当时留意到，每次我和克里斯一起去跟客户开重要项目会议，尤其是汇报我们的阶段性调查成果以及项目实施建议时，他都是戴同样的一条颜色大红、样式土气的领带，我于是问他："克里斯，我留意到每次我们去客户那儿做汇报,你戴的都是这条领带,为什么呢?其实我觉得它不如你其他的一些领带好看。"克里斯看着我,下意识地抚摸他的领带,微笑着对我说:"宋,你不知道,这是我的LUCKY TIE(幸运领带)!"

原来,当年克里斯在面试英国这所学校的MBA时,戴的就是这条领带,最后他以班级最高分被学校录取,甚至罕见地得到了一定数额的奖学金。在这个非洲小伙的心目中,他觉得这条领带给他带来了极好的运气,所以每逢重要考试、会议、拜访客户等关键场合,他必定会郑重其事地"祭"出这条领带。

你有没有想过你的身边可能也会有一些小物件儿,能给你的表达带来好运气?每次你做重要的表达之前,记得看一看、摸一摸你的这个"吉祥物",给予自己一些积极正面的心理暗示,从而让自己更加从容地面对接下来的任务与挑战。

妙法三:深呼吸。

深呼吸同样是一种有效的方法,可以帮助表达者应对开口说话之前的紧张情绪。当然,深呼吸也是有技巧的。闭上双眼,吸气时,想象着丹田中的这股气由腹部逐渐上升到脑部,再上升到头顶,直到"百会"处;吐气时,想象着这股气由"百会"处自上往下顺着脖子、脊梁下降,直至回到丹田。这样一吸一呼,周而复始,反复进行。由于集中了全部的注意力,就能够使人逐渐排除一切杂念,收到消除紧张、自我放松的效果。

俄罗斯一位专门研究口头表达与职场演讲的专家,开创出一种独一无二的"俄式呼吸法"。这种呼吸法与腹式呼吸法最大的区别就是,呼气的时候不用鼻子呼,而是牙关闭合的同时,用嘴巴缓缓地呼气,在气流通过牙缝的同时,发出类似于响尾

蛇一样"嘶嘶"的声音。他的理论依据是,人在紧张的状态下,腹部下方有一个"致命三角区",容易造成肌肉紧张甚至痉挛,通过"俄式呼吸法",能够帮助表达者有效地放松、平静下来。

不管你信不信,反正我是信的,而且还是这种呼吸方法的受益者。

2006年,我在众行公司负责内训业务,带队去广东省的一家地市移动公司投标。当时总共有10家来自全国各地的咨询公司参与投标,而客户只会从这10家公司当中选取3家入围。时值我刚刚被提拔为公司的培训总监,所以非常希望能够赢得投标,证明自己的市场拓展与专业能力。

我们被安排在最后一家讲标。老实说,这有点吃亏,因为通常而言,听到第八家、第九家的时候,评委们会处于体力和注意力的低谷,讲标不容易出彩。另一方面,正是因为结果很重要,同时自己又特别渴望获胜,在轮到我讲之前的一个小时,我变得非常紧张,心跳明显加速,而且手在微微地颤抖,以至于喝水的时候,杯子里的水几乎都要洒出来。我暗暗地告诉自己,必须通过一些方法,来帮助自己恢复到一个相对镇定的状态。

于是,我找了一个没有人的角落,对着窗外开始练习"俄式呼吸法"。5分钟之后,发现奇迹出现了!我变得明显镇定很多,心跳没有那么快,手也不再颤抖。那一次,我非常出色地完成了讲标,把公司的优势产品和特色业务淋漓尽致地加以呈现,得到了一个最高分。

妙法四：面对友善。

开场的时候，尤其是你自己感觉内心的"坚冰"尚未打破之前，千万不要去找那些面孔冷峻、神情严肃的听众。你要学会多去面对那些友善的、亲切的、愿意给予你积极正面回应的听众。这样做，同样可以帮助你克服紧张情绪，进一步放松下来。

就像本书第一章第二节"寻找听众中的自己人"里所提到的"早死早超生"的案例，当Esther在面对陌生面孔心情发憷的时候，我对着她点头、微笑，给予她肯定，从而让她找到了继续讲下去的信心，并且越讲越好。

作为职场表达者，你也可以运用这个方法。甚至是在开场之前，有意识地为自己在听众当中找一两个"托儿"，让他们主动配合，帮助你度过开场时最为紧张的时刻。

妙法五：保持内心隐秘的力量。

为了让大家更好地明白什么叫做保持内心隐秘的力量，我在此跟大家分享一个我不愿提及的失败往事。

我从小就口齿伶俐，又不怯场，所以从读幼儿园开始，我就代表学校参加各种各样的演讲比赛，而且基本上都是稳拿前三名的选手，但有一次却意外失手了。

那是在我读高二的时候，市里组织了一次全市中学生演讲比赛，共有20名选手参赛。因为是全市的比赛，学校领导很重视，派出了我和另一位同学参加，并希望我们能进入前三名。现场抽签的结果对我们也非常有利，我跟同学分别抽在第12个和第14个上场。学校的辅导老师对我们两个人的实力很放心，对这个顺序也很满意。

作为即将要上场的选手,我和同学在后台做准备。两个人开始有了这样一段对话,导致最后的比赛结果让老师们很崩溃。

我问他:"哥们,你准备得怎么样?"

他习惯性地说:"哎呀,不行不行,还没准备好呢。不像你,肯定是一早就胸有成竹了。"

我说:"嗨,我也准备得不怎么样,稿子写好以后就搁一边了……"

接下来,我忽然感觉心头一紧,心跳猛然加快,原本背得挺熟的内容真的开始忘了,于是一遍又一遍拼命看演讲稿。

过了几分钟以后,我又问他:"你紧张吗?"

他脸色开始变白了:"有点儿紧张,你呢?"

我实话实说:"我也挺紧张的。"

这时,我就觉得脑子里面好像越来越空,接下来要讲的内容,除了开头两句,其他的怎么都记不住了,于是又开始拼命看演讲稿。

过了一会,他突然提议说:"哎,不如我们逃跑吧?你想,如果我们逃跑了,就可以不用演讲了。外面的天气这么好,随便去哪溜达溜达,都好过在这儿受煎熬。"

乍听之下,我觉得可以呀,于是说:"好啊,好啊,不如就一起逃跑吧。"

可是一想如果逃跑的话,那学校的脸面往哪搁?我们回到学校以后还怎么混下去?最终,两个人还是垂头丧气地放弃了这个念头。

但是，一旦脑海中盘旋着是不是可以逃跑的问题后，我们俩就再也没有心思了，也无法专注于接下来要去做的演讲。那是我们两个人都很失败的一次演讲，当我站在台上对着所有人开始讲的时候，我心里只有一个感受——就是快一点让我结束，快一点让我回家！最后的结果可想而知，我们两个人都名列前三名，只是倒数前三名。

这段亲身经历让我明白了，即使你很紧张，也请将你的紧张情绪深深地埋在自己的内心深处，不要告诉任何人你很紧张，或者你叫"不紧张"。事实上，如果你不说，没有任何人会知道你紧张的。

2. 过程陈述

（1）主体，你必须记住的三句话

有一次，我和几位同事一起去某股份制银行总行的培训中心交流，主题是网络学习系统建设。对于我们的来访，对方培训负责人做了非常充分的准备。简单寒暄后，他开始进行现场讲解与演示。尽管他的呈现结构清晰完整，但两个小时后，我们每一个人都感觉很累，同时也没能很好地消化、理解他所介绍的内容。究其原因，一是整个过程没有休息；二是信息量过大，章节与章节之间却没有小结过渡；三是没有问与答的互动设计。出于礼貌，我们也没有在过程中尝试打断他……

这让我想到了自己2011年国庆节期间驱车2300公里，从广州自驾到北京的经历。跑过长途的司机们都知道，每跑200~300公里，或者连续开车2~3个小时，最好进一趟服务区，上上洗手间，放松放松肌肉和头脑，给车加加油……这么做能够张弛有度，保持节奏，否则，人困车乏，难免发生交通事故。

前面提到的培训中心的例子就是，一口气说得太多，没有过渡，没有节奏，也

就没有了最好的呈现与表达效果。

那么在表达者做完开场之后的整个表达过程中,如何有效地把握节奏、陈述内容呢?美国前总统艾森豪威尔的三句话道出了其中的真谛:

- 告诉别人你将要说什么;
- 说出来;
- 告诉别人你说了什么。

为什么要用这三句话把控陈述的过程?原因在于你需要让听众跟着你表达的思路一起往前走。"告诉别人你将要说什么"其实是一个小小的概述的部分,让听众对于你接下来要说的内容有一个思想上、心理上的准备。

接下来才是"说出来"。需要说明的一点是,在陈述完一个要点后,你不能马上就过渡到下一个要点,这个时候你最需要做的就是"告诉别人你说了什么",给听众一个小小的总结,并且确认听众有没有真正理解。

不知道你有没有去医院洗牙的经历。在洗牙的过程中,牙医会拿出一套发出刺耳响声的专业工具,伸进你的嘴巴里来回捣鼓,你会有什么感觉?估计你会和我一样,两个字——紧张。为什么会紧张?因为每个人的口腔都非常柔软,而那套工具却非常尖锐,你害怕一不小心被牙医伤害;其次,当你躺在特定的椅子上张开嘴巴时,你很被动、很无助,而且还不知道牙医究竟会在自己的嘴里做什么。就在你万分紧张的时刻,有经验的牙医会有好方法让你相对放松下来。

首先,他会安慰你别紧张,洗牙的过程完全没有任何风险,也没有任何痛苦;接下来,他会告诉你他将要帮你具体清洗哪一颗牙齿,让你放松,并且把注意力集中到那颗正在被清洗的牙齿上。清洗的动作完成后,他会让你漱漱口,休息一下,然后再开始清洗下一颗牙齿。几个回合下来,你就会越来越放松,也越来越信任他,因为你清晰地知道他洗牙的整个过程。从某种程度上说,这个高明的牙医让你参与了这个过程。

职场表达的过程就像牙医清洗牙齿的过程,听众不可能像表达者那样清楚整个表达的过程,以及过程中的每一个具体环节,所以你就有必要在开始的时候,先告诉听众你接下来讲的要点是什么;讲完这个要点,你要再次向他重述你刚才讲完的要点是什么,接下来过渡到哪个要点。通过这样的方法,整个表达的节奏就为你所掌控。

(7) 过程之中,为你的表达加点料

在整个表达的过程中,除了要做到通顺流畅外,你还必须营造一种融洽的气氛,以助于提升表达效果。我一直坚持的观点是,表达过程一定不是物理反应,它必须是表达者与听众之间的化学反应过程。表达的化学反应如何才能发生呢?这就需要你为表达加点料。其中有两味"猛料"是你 24 小时随身必携、使用方便的,一味是生动而有效的身体语言,另一味就是声音的魅力。

1960 年,美国举行了史上第一次由电视播送的总统竞选辩论,主角是肯尼迪与尼克松。看了那场辩论的观众一般会给肯尼迪打高分,而只是听了辩论的人们则通常会给尼克松打高分。

为什么会发生这种现象?麻省理工学院人类行为机制实验室主任彭特兰教授认为,这是因为人们是社会动物,当看着一个人的时候,就会在他身上搜寻"诚实信号":他热情吗?他看上去是不是清楚自己在说些什么?

"诚实信号"是生物学上的一个术语,指的是社会性物种用于在种群中进行协调的非语言性暗示,比如手势、表情和语调。人类会使用很多类型的信号,但诚实信号的独特之处在于它们会导致信号接收者发生变化。比如,当大家在一起时,一个

人的快乐和活力会感染其他人,让他们也变得快乐、有活力。

那为什么肯尼迪的"诚实信号"明显要强于尼克松呢?专家分析主要有四方面的原因:

第一,辩论前,尼克松独自躲在旅馆钻研辩论、答问攻防,流于闭门造车,而肯尼迪则与智囊团一起砥砺,并且专门锻炼个人风采及身体语言;

第二,尼克松天生怕热,遇热额头便会冒汗,肯尼迪幕僚看准这点,哄骗CBS加强打灯,令尼克松在辩论中不断抹汗,状似紧张,再加上固执的尼克松上镜前拒绝化妆,结果镜头前的他容貌枯萎憔悴;

第三,尼克松因膝盖受伤不耐久站,肯尼迪的幕僚却要求候选人于辩论过程中全程站立,令尼克松膝盖作痛,表情痛苦,与神态自若的肯尼迪可说相形见绌;

第四,尼克松身穿灰色西装,在当时的黑白电视荧幕前,呈现给观众的效果不如肯尼迪的黑色西装好。

美国一位著名的人类学家雷·博威斯特曾经就沟通问题做过深入的研究,他认为,在一次面对面的沟通交流中,语言所传递的信息量只占35%,另外的65%都来自于非语言传递的信息。也就是说我们的肢体语言所传递的信息量,远远要比说的话所传递出来的信息量丰富得多,这也是我们为什么要关注表达者身体语言的原因。另外,也有很多研究显示,在商务会谈中,60%~80%的决定都是在肢体语言的影响下做出的。

① 你的肢体会说话

我的表兄段钢,是中国互联网行业研究网络安全的专家,出版过数本关于IT网络安全方面的专著,行业内小有名气。段钢2007年创办了自己的公司，帮助客户从事网络安全方面的开发与维护，凭着自己扎实的理论功底和专业技术，赢得了很不错的市场口碑。为了让公司迅速发展，从2009年开始，他频繁接触国内外的风险投资者，希望能够借助资本的力量，迅速把自己的公司做大，并且能够顺利在中小企业板块上市。

但是让段钢极为郁闷的是，那些对他的技术很看好的风险投资者和他会面一次后，大多都如泥牛入海，没有下文。他通过一些业内的朋友去了解，辗转得到了真实的原因，那就是风险投资者对他的技术有兴趣，但是对他本人没信心。段钢急了，此话怎讲？他百思不得其解。后来，有一位交往比较深的朋友告诉他，他每次和风险投资者交流，总是因为紧张而手足无措、目光飘忽，很少正视别人的眼睛说话。如此一来，风险投资者们自然对段钢缺乏信心。

有一次，段钢在酒桌上喝高了，拉着我的手说："兄弟，我不瞒你说，对着电脑搞网络技术，基本上没有我搞不定的，但是，对着人说话，我就觉得浑身上下哪里都不自在，手也不知道怎么放，眼睛也不知道该怎么看，这是我的死穴，肿么办？"

我想，段钢的烦恼其实也是很多职场人士的烦恼，他的话道出了很多人的心声。那么，作为职场表达者，该如何有效地训练自己的身体语言，让手势、眼神、微笑成为表达的加分项而不是减分点呢？接下来，我就把身体语言一项一项拆解开来，分成身体站姿、面部表情、眼神交流、手势运用四个主要方面为大家细细讲解。

- 身体站姿。

对于表达者来说，我建议你尽量站着表达，因为站着对于表达者更加有利。当表达者站着，而听众坐着的时候，会有视觉上的落差，而且听众对于表达者会有一定程度上的仰视，这种视觉上的落差和仰视，能够让表达者取得一定的心理优势。

表达者的站姿自然有讲究，从图 3-4 中你完全可以了解到正确站姿的要点。

图 3-4

同时，作为表达者，你还需要避免一些不良的站姿（见图 3-5、图 3-6）。

如果主持人或者听众当中的关键人物安排你坐着讲，你也不必较真，固执地坚持一定要站在他面前。这个时候，你大可落落大方地坐下。当然，坐着说话也有一定的讲究：

第一，不要大大咧咧地一屁股坐满整个椅子，尤其是面向着领导做汇报时。你

图 3-5　　图 3-6

的臀部应坐在椅子前面 1/3 的位置，身体保持略微前倾，收腹挺胸，这种坐姿更加有利于让你的大脑保持高速运转的状态。

第二，尽量不要选择转椅。椅子转动的时候会分散你的注意力，甚至会让处于压力下的表达者在潜意识里陷入"战"还是"逃"的两难选择。

● 面部表情。

回想一下你去某个国营医院挂号的经历，高高的窗口后面，护士小姐带着厚厚的口罩，用冷冷的眼神盯着你，毫无感情地问你的姓名、性别、年龄、看什么病。想想你当时面对她，本来已经郁闷的心情是不是变得更加沉重了？如果你罕见地遇到一位眼神柔和、面带微笑的护士，你会不会心情也随之变得轻松起来？

职场表达亦是如此。从心理学的角度讲，作为表达者，你一定要学会运用轻松友善的面部表情来面对听众。要保持最为友善的面部表情，你就要学会微笑。

研究身体语言的专家告诉我们，微笑最为显著的一个作用在于它的感染力。人的大脑当中有一种反射神经元，当他看到对方在做一个表情或者是某种动作的时候，

一句顶一句

这个反射神经元会告诉他做出类似的动作。当你尝试用微笑来面对听众的时候,听众也会尝试回报你以微笑;而如果你面若冰霜地严肃面对你的听众,听众同样也会以面若冰霜回应你。越来越多的科学研究表明,你微笑得越多,其他人对你的态度就会越友善。

2006年,我在英国念书,读书之余我经常和另一位中国同学结伴旅游。去到陌生的城市,免不了就要问路。时间一久,我同学就发现,如果他去问路,当地人基本上只会很简单地回答两句,以致我们按这个简单的指引走了一小段以后,面对下一个路口,又不知道该怎么走了。与之相反,如果我去问路,大多数情况下,当地人会比较热情地给予我们帮助,有的甚至会主动带我们到目的地,如果他刚好顺便要往那个方向走的话。

我的同学很郁闷,说都是中国人,谁又不比谁更有姿色,为什么会有这样的区别?我当时也很纳闷,后来通过观察,我发现当他去问路的时候,因为紧张,所以神情严肃,站在他对面回答他问题的这个人也会神情紧张,甚至是抱有一种防备的心态,离他远远的,匆匆说两句调头就走。而每一次我去问路的时候,面对对方,我的面部表情很放松,而且我总是在微笑!

说到这儿,我还有另外一个在国外问路的心得(在国内的部分城市未必适用),就是每一次在问路之前,我都会加一句话:"对不起。你可不可以帮助我?因为我是第一次到这个城市,我很喜欢这个城市,但是我对路不是太熟,你可不可以告诉我……"这一小段话能够非常有效地拉近我跟对方的距离,而且让他更加愿意帮助我。

- 眼神交流。

英国一位心理学家做过实验，发现人们在沟通表达时，眼睛停留在对方身上的平均注视时长为 2.95 秒，在这个基础上，他提出"5 秒钟对话"的概念，也就是 2.95 秒再加上 2 秒钟。这个时间的长度相当于你在表达时，看着其中一个听众的眼睛，对着他说完一句话，让他觉得这句话是你完全对着他一个人说的，让他有一种和你促膝谈心、听你娓娓道来的感觉。这句话说完后，你再将目光移向下一个听众，重复"5 秒钟对话"的过程。

我自己的体会是，当你运用 5 秒钟对话法，对着一个人的眼睛真诚地说完一句话时，大多数情况下，他会情不自禁地点头回应、认可你所说的内容。

运用眼神与听众交流时也有一些禁忌，作为表达者的你需要铭记在心：

第一，忌使用有敌意、轻蔑的眼神。你的目光必须是友善、温和的，这一点非常重要。表达的目的是为了让对方感到春天般的温暖，肃杀凌厉的眼神只会激起对方的敌意与愤怒，想尽一切方法来表示反对。

一个东北朋友跟我说过，在他老家的街头，经常会有两个或一群大男人突然吵起来甚至打起来，起因往往就是其中一方在走过的时候，用一种带有敌意或者很蛮横的目光扫了对方一眼，对方也不甘示弱，用同样挑衅的眼神回敬，接下来暴力事件就发生了。

第二，忌只看物，从不看人。很多时候，表达者由于紧张，或者是因为对要讲的内容不熟悉，目光只是停留在自己面前的讲稿或是电脑上，从来不去看真正应该看的人。用一个不是太恰当的比喻，这样的表达者就像是把头埋在沙堆里的鸵鸟，以为只要自己看不见，天敌就完全不存在，殊不知这种做法只会让自己陷入更为被动和危险的境地。职场表达也是如此，你的眼神如果完全忽略了听众，只会让听众

觉得你漫不经心，不在乎他们，反过来，他们对你也会做出同样的选择。

第三，忌东张西望、左顾右盼。有时候，表达者为了显示自己没有忽视任何一个听众，目光像探照灯一样，快速地在听众中来回扫过。实际上，这种凌乱飘忽的目光会让人觉得表达者缺乏安全感。因为在远古时代，只要有危险出现，我们的祖先就会东张西望，看看退路在哪儿，可以往哪个方向逃跑。

第四，忌长时间盯着一个听众。即便听众当中的某一位帅得惊动妇联，美得惊动中央，你也必须收起那含情脉脉的目光，不能长时间关注他（她）。长时间盯着一位听众看，忽略了其他听众，很容易引起周围听众包括被你注视的那一位的强烈反感。

● 手势运用。

职场表达中，手势对于强化观点的作用非常大，但遗憾的是，大多数人都不太知道该如何正确地运用手势。

有一次，我参加了法国默剧大师菲利普·比佐在北京的身体语言训练工作坊，现场的30位中国学员中，有29位在做自我介绍的环节完全忽略了手势。比佐老师评价说，如果表达时缺乏了手势，就像做汤忘记了放味精一样！

关于手势的运用，以下三项原则是表达者需要遵循的：

原则一：手势运用要自然、放松，尽量运用手掌向上、摊开的手势。

为什么在表达时要摊开手掌？这个也和人类发展的历史有关。远古时代的人类最主要的武器是石头，当你手上抓着一块石头的时候，你肯定会握紧拳头，甚至把自己的手藏在身后。你以这样的姿势出现在另一个人面前时，他一定会觉得你对他怀有敌意，你极有可能会攻击他。基于这样的判断，他会进入"战斗还是逃跑"的思维模式中。反过来，如果你面带微笑，摊开双手走向对方，显示的便是你的手上没有石头、没有武器，因此，你对他来说是安全的。

美国斯坦福大学曾做过非常经典的心理学研究：让三个不同的演讲者表达同样的内容，整个过程中，其他所有环节都相同，只有一个地方不一样，就是手势的运用。第一个演讲者掌心向上，第二个演讲者掌心向下，第三个演讲者则握紧拳头。等演讲完成后，看谁的支持率最高。研究人员发现，掌心向上的演讲者的支持率是84%，掌心向下的演讲者的支持率是52%，而握拳的演讲者的支持率只有28%。

这也充分说明了在表达的过程中，运用手势时需要尽量采用张开的、向上的手势，尽量少用向下或是握拳的手势。

原则二：手势的运用必须能够配合强调表达者的观点与情感色彩。

手势如何能够配合强调表达者的观点呢，这就和手势运用的区域有关。我们通常把人体肩部以上的区域称为上区，从肩部到腹部这个区域称为中区，而腹部以下称为下区。

你在陈述观点时，如果所描述的是宏观的、全局的思想，或者重要观点、整体框架时，你的手势自然需要放到上区去辅佐配合；当你在陈述事实与数据、说明事理的时候，你的手势最好放在肩部和腹部中间的区域，并且手势的幅度不宜太大；而当你把手势放在腹部以下的区域时，多半是表达一些憎恶、厌烦的内容。

原则三：表达过程中手部不宜有太多小动作。

作为专业的表达者，你需要尽量避免抓耳挠腮、摸耳朵、玩笔、玩手机等下意识的小动作。这些小动作不但会显得你非常不职业，也会分散听众的注意力。

此外，尽量不要把双手背在身后、插在裤兜里面，或者双手交叉抱于胸前。这些动作会让你显得高调而傲慢，导致你与听众之间产生心理距离。

② SOFTEN—柔和身体语言法

以上我把身体语言分解为站姿、面部表情、眼神交流、手势四方面，可实际上，

你在运用身体语言的时候,各个方面必须协调一致、综合运用,才能发挥最大的效能。SOFTEN——柔和身体语言法就可以帮助你实现这一目的。

所谓的SOFTEN由六个英语单词的首字母组合而成,是美国卡耐基演讲训练的专家们总结和整理出来的技巧。

● S(Smile)代表微笑。

前面已经提到了微笑是表达过程中最好的润滑剂,能让听众充分感受到你的诚意。关于微笑,我的体会是,如何让微笑发自内心才是关键!如果仅仅是勉强让脸部肌肉堆砌出笑的感觉,聪明的听众其实一眼就能把你识破。

● O(Open)代表开放的体态。

要想让听众感觉你是开放的,最简单的方法就是在表达过程中经常张开你的双臂,让你的听众感受到你真诚而友善的态度。

> 5年前,我曾经有幸和花旗银行亚洲区前总裁夏保罗先生交流演讲心得。老人家七十有二,演讲时激情澎湃而又不失幽默。他告诉我,30年前,花旗银行把他作为后备高管进行了各项严格训练,其中一项重要技能就是职场演讲与表达,他的老师曾经担任过美国多届总统竞选演讲的顾问。老师告诉他,演讲与表达的过程中,面对听众要时刻记得展开双臂,表达友善。

● F(Forward Leaning)代表身体略微前倾。

表达的过程中,无论你是站着,还是坐在位子上,记得要学会让自己的上半身略略向前倾斜。

作为表达者,你与听众之间在空间上会有一定的距离。在表达过程中,如果你的身体向后仰，自然就拉远了跟听众之间的距离，这会让听众误以为你忽视了他，甚至对他带有一定的蔑视情绪；而当你身体略微向前倾时，你是在缩短跟听众之间的距离，听众会觉得你完全投入在表达当中，并且非常在乎他的感受，尊重他的存在。

- T（Touch）代表身体接触。

适当的身体接触同样是一种有效的武器，能够拉近表达者与听众之间的心理距离。

畅销书《身体语言密码》的作者是一对夫妇——亚伦·皮斯和芭芭拉·皮斯，他们从事了30年的上门推销以及保险行业销售，并在这个过程中研究不同的沟通对象的身体语言，以及身体语言背后所代表的信息，基于此写下这本《身体语言密码》。在书中，他们提到一个关于身体接触的实验。

> 研究人员在美国某餐馆里面找来一些侍应生，有男有女。他们把这些侍应生分成两组，第一组按正常的服务流程给客人提供服务；第二组在服务过程中增加一个小动作，就是在递餐巾、盘子、食物给客人的时候，尽量地用自己的手指去触碰一下对方的手指。
>
> 一个月后，研究人员分析这两组侍应生拿到的小费，发现变化出现了。增加手指接触这个动作的小组拿到的小费远远超过参照组，其中女侍应生的小费增加了38%，男侍应生的小费增加了22%。

研究人员开始分析为什么会发生这样的变化，他们得出以下三个结论：第一，手肘、手指属于人的身体当中公开的区域，不属于隐私区域；第二，人与人之间如果没有特定的原因，不会轻易去接触到别人身体公开的区域，而一旦接触到就会给

对方留下一个深刻的印象；第三，这样的接触会与对方建立起一种瞬间的联系，并通过这种联系拉近双方的距离，增加亲切感。基于以上三个原因，客人愿意支付更多的小费。

这个结论放在表达的环境下同样成立。有意识地去触碰一下听众身体公开的区域，有助于得到对方更多的好感，也能够让对方更倾向于接受你的观点。

> 前些日子，我参加了一个知名国际领导力发展机构的年度论坛，有幸结识了该机构亚太区的负责人，一位非常有风度的美国老头，中文名叫白龙。初次见面，我们彼此热情问候，但见老头亲切地站在我的对面，主动伸出右手有力地握着我的右手，与此同时，左手轻轻地托着我的右手肘部，让我感觉很亲切，一下子就拉近了和他之间的距离。老爷子真不愧是干了一辈子领导力培训的高手，四五十年的功力相当深厚。

当然，身体接触也有讲究，一是异性之间尽量少运用身体接触，二是触碰的时间以 3~5 秒钟为宜，长于 5 秒钟，对方也许会误解你对他是不是有其他的企图。

● E（Eye Contact）代表眼神接触。

关于眼神交流，拿破仑的一句话足以说明它的重要性。他说，眼睛是一个人心灵的窗口，你如果想要打动一个人，就必须对着他的眼睛说话！

既然眼神交流如此重要，在职场表达中，你又该如何运用眼神来打动听众呢？方法有三：首先，你的眼神必须要时刻抓住听众，并且与那些不断点头的积极的听众有交流；其次，必须用眼神关注听众当中的那些关键人物；最后，学会运用本书前面提到的 5 秒钟对话法！

- N（Nodding）代表点头。

按照人们对于身体语言的研究，点头属于鞠躬的简化形式，也是表达敬意的方法，只不过身体幅度比鞠躬小。和听众沟通时，如果对方提问或者发表观点，而你适时点头，会让对方觉得你在顺从、认可他的意见和主张。当然也会有例外，如在印度，就是用摇头来表示顺从，点头反而表示不认同。

2008年，我在印度班加罗尔的IBM知识工厂和当地的同事一起做项目，当我向对方介绍我们项目整体构思时，对面坐着的一位印度女士看着我，面带微笑，一面听，一面不断地摇头。我一开始很纳闷，心想她看起来很友善，对着我微笑，可是为什么不断地摇头呢？难道她觉得我说的观点都不对？好不容易等到中间休息，我就问她有什么不同的意见。她说没有啊，我说的她都赞同，所以才不停地摇头！这时我才醒悟过来，原来在这儿，还真的是摇头yes点头no。

✦ 资料链接 ✦

情商[①]

情绪智力包括管理情绪表达的能力。我们用"受欢迎"和"有魅力"来形容我们喜欢与之相处的人，他们的情绪技巧使我们感到舒服。能够帮助他人舒缓情绪的人具有很高的社会价值，他们是有强烈情绪需求的人求助的对象。我们互相充当情绪转变的工具，正面或反面的作用都有。

……

这种神奇的传递是怎么发生的？答案很有可能在于，我们会无意识地模仿他人所表现出的情绪，也就是说，我们对他人的面部表情、姿势、声调以

[①] 本文节选自美国著名心理学家丹尼尔·高尔曼的《情商》一文，内有删节。

及其他非言语的情绪形式进行无意识的机械模仿。通过模仿，人们将他人的情绪在自己身上进行再创作。

……

日常的情绪模仿通常很微妙。瑞典乌普萨拉大学研究人员伍尔夫·丁伯格发现，当人们看到微笑或生气的脸时，他们的面部肌肉会发生细微的变化，表明他们也出现了相同的情绪。

……

人们在人际互动中感到情绪一致的程度体现为交谈时双方身体动作的协调性，这是无意识的亲密的衡量指标。一方发表观点，另一方点头，或者双方同时变换坐姿，或者一方向后退，另一方向前倾。这种协调性的微妙之处还体现为双方以相同的节奏摇晃旋转椅。

……

师生之间的同步性显示了他们的融洽程度，关于课堂的研究表明，师生之间的动作协调程度越高，他们在互动时就越感到友好、快乐，充满热情和兴趣，容易相处。一般而言，人际互动的同步性处于高水平，意味着人们相互喜欢。美国俄勒冈州立大学心理学家弗兰克·伯尼利告诉我："你与他人相处得好不好可以体现在身体层面。你需要掌握彼此合适的时机，使身体动作协调一致，感觉舒适。同步性反映了双方投入的程度，如果你高度投入，你的情绪就会开始与对方相互配合，不管是积极的还是消极的情绪。"

……

简而言之，情绪调和是融洽的精髓，是母婴之间协调性的成年版。有效的人际交流的一个决定因素是人们运用情绪同步性的熟练程度。如果他们善于与别人的情绪协调一致，或者很容易让别人的情绪跟自己的情绪走，那么这些人的人际互动在情绪层面就会顺利得多。

③ 声音的力量

接下来，我们一起看看作为职场表达者，如何通过悦耳的声音影响和感染听众。

之前做培训公司合伙人的时候,我曾经面试过一个非常有才华的员工李烈。在加入公司前,他曾经服务于一家知名的国际品牌顾问咨询机构,但长达三年没有被晋升,其中一个主要原因就是因为他那浓浓的湖南乡音,影响了他面向客户以及国内外同事表达时的效果。对前雇主失望之余,李烈选择了离开。我们一起共事的时候,我说服他专心做后台的培训课程研发,他的表现非常出色。尽管如此,我知道,如果他能克服掉口音的问题,发挥出声音的魅力,他的职业前途会更加广阔。

当然,我首先必须声明一点,对于80%没有受过训练的普通职场人士来说,我并不要求大家都像专业的电台、电视台主播那样说话字正腔圆,吐词铿锵有力。说实话,也没有必要。但是,话说回来,声线是提升表达效果、烘托表达气氛的有力武器,尤其是在表达过程中,如果能够善加利用,一定能有效地发挥出催化作用。

这个章节无法教会你如何发声、运气,如果你有那方面的需求,你可能需要另外找一些专业书籍,或者请教专业的教练,并且需要长时间的练习。

我在这里重点要跟大家探讨关于声音运用的三个原则。这三个原则简单实用,你如果用心体会,肯定能够掌握,如果你还能在实际的职场表达中有意识地加以运用,一定会对你大有裨益。

原则一:以情带声,声随情转,声情并茂。

这个原则强调的就是你在说话的过程中,无论场合,不管主题,不分对象,都需要将自己的真实情感注入声线中。如果你有去过国营大医院看病,你就能体会到我所说的意思。当挂号窗口里面传来冷冰冰的声音,诸如"姓名"、"性

别"、"上二楼缴费"、"快一点"、"下一个"的时候,你即使没病,也会感觉浑身不舒服。

有这么一个故事,讲的是一群美国游客去法国旅行,在巴黎的一家餐厅里巧遇一位非常有名的喜剧演员。面对这位法国艺术家,美国人很激动,纷纷围上去合影,索要签名,并且要求他小小地表演一段。盛情难却之下,这位演员随手从桌子上抓过一本印制精美的册子,信手翻到某一页,然后开始声情并茂地朗读。法语是世界上最美的语言,尽管美国人听不懂,但是他们都沉浸在这个美妙的意境当中,觉得自己正在聆听一段可歌可泣的凄美爱情。

正在他们听得潸然泪下的当儿,喜剧演员停了下来,把册子合上,一言不发就走了,只留下这群美国人研究这一本册子讲的究竟是一个什么样的故事。再过了一会,一位侍应生彬彬有礼地走了过来,对他们说:"请问几位先生,你们研究我们的酒水单这么久,准备点一些什么呢?"这时他们才恍然大悟,原来刚才那位喜剧演员念的竟然只是餐厅的酒水单而已!虽然念的只是酒水单,因为倾注进去了朗诵者的情感,所以听众听起来就是一个非常能打动他们的故事。

这个故事的真伪当然有待考证,但它说明了很重要的一点,无论是对听众还是对表达者自己,声音中饱含情感,远比花哨的技巧来得更加重要。

2007年12月的《心理月刊》,在其卷首语的位置上刊登了一个真实的案例"情感在呼吸",部分内容如下:

周末。声乐课。

黑板上抄着歌词。"我和我的祖国,一刻也不能分割。无论我走到哪里,心里都流出一首赞歌。我歌唱每一座高山,我歌唱每一条河……"

我们唱到第三遍的时候,何老师说:"停。"他刚刚从国外回来,在国外的经历让他一听到这首歌,内心就有种激动。而我们,声音里没有深情。

"我有一次在华盛顿,唱了一首《中国的土地》,当我唱完,我看到坐在第一排的中国官员们眼睛里都含着泪水。身在异乡,我们对中国的感情是一致的。"

我看着老师,看着沉浸在回忆中的这个中年男子,情感在他平凡的脸上透射出光芒,让我也为之触动。当钢琴重新响起,我在脑海中调动画面,我想起每当自己登上长城的一刻,面对绵延的群山所体会到的山河壮阔!那时,古人与天地共谋的鬼斧神工,让我异常激动,并引以为豪。当我被这份感情所浸没的时候,我仿佛听到了歌中的灵魂,那是情感在呼吸!我和同伴们的声音出现了一种未曾有过的感染力。

……

我们要么吟诗,要么唱歌,要么声情并茂地讲故事,理性之光必须借助深厚的情感,才会拨动人内心深处的情弦。如果知识、规则、理性阻隔了我们的情感,语言只会生成更多的沟通障碍。必须重获人的平衡,用情感、用爱,直抵快乐的通途。

我再强调一次,声线运用的最高境界与任何技巧都没有关系,它只跟每一位表达者的真情实感有关。你一定会问,怎么才能知道自己在表达的时候是否真正倾注了情感呢?其实很简单,有两个标准可以帮你判断:第一,你所表达的内容是否真正打动了你自己?你自己是否百分百地坚信你所表达的观点?第二,你在表达的时候是否真正关注、体会到了听众的情感需求?

中央电视台知名主持人柴静有一个著名的演讲,名字叫做"认识的人,了解的事",整个五分钟的演讲没有太多的语气、语调变化,但是,从头至尾的大情怀打动了在场的每一个评委和听众!最后,柴静获得了第一名。

原则二:有意识地运用语速的变化。

大多数时候,表达者在声线运用方面遇到的问题与说话的速度、节奏掌握有关。一方面,在情绪紧张或者亢奋时,容易越说越快,刹不住车;另一方面,生怕冷场,不懂得适时停顿。归结起来,这两方面都和语速的变化有关。

我在大学时参加了学校的辩论队,有一个来自外语系的队友叫王波,这哥们英语非常牛,说英语就像忘了关闸的消防龙头,"哗哗"往外倒,比母语还要流利。王波同学除了热爱辩论,还喜欢播音,是学校英文广播电台的播音员,浑厚的嗓音深得大一大二小师妹们的喜爱,尽管她们最多只能听懂1/3。

有一次校辩论队集训,王波向负责发声训练的专业老师提了个问题,说最近校广播台总是收到关于他的投诉,反映王波虽然吐字清晰、发音标准,但语速过快,这一段新闻还没整明白,他已经开始播下一段内容了。校广播台的领导已经给王波下了命令,一定要限期整改,否则就"下岗"。王波又是自己给自己录音,又是掐表计算时间，但始终没找到问题的症结所在。

声乐老师让王波当众朗诵了一段英文播音稿，很快，他就找到了王波的问题，那就是王波不管播报哪一段内容，保持的都是同样的速度，刚开始还不觉得有什么问题，但时间一长，听众的脑子就会觉得特别累。声乐老师接下来打了一个比喻，马上让在场的所有人都明白了其中的道理。说话就好像去爬山，向上爬坡的时候，你不可能永远保持同样快的节奏，时间一长，你的体力肯定跟不上，也不可能顺利地爬到最高点。理想的方式是爬一段坡，走一截平地喘口气，再爬一段坡，再走一截平地……这样，你在不知不觉中就已经登上了最高峰。表达的时候也是一样，从头到尾保持一个节奏，听起来似乎很流利，但是没有节奏和速度上的快慢变化，时间一长，听众就不爱听了。

所以，好的表达者在说到一些关键的、重要的内容时，一定会放慢语速、加重语气；描述一些故事或事件时，则会用更为轻快的语速来表达。而且，他还会适时选择停顿，给听众一点时间来消化、回味刚才的内容，保持节奏的变化。为了说明这一点，声乐老师又举了美国前总统林肯的例子。林肯是一位非常优秀的讲演家，最为脍炙人口的演讲是"葛底斯堡演讲"。他经常很快地讲出许多字，到了他预备要着重说的字句，便把声音特别地拉长或是提高，然后再一口气像闪电一般快速把那句话讲完。他常使重要的一两个字所占的时间，比六七个次要的字所占的时间还要长。

声乐老师的一番话让王波恍然大悟，他总以为表达流畅、从不

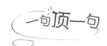

停顿是自己英语水平高的表现,没想到听的人却不这么认为,为此还差点让他"下岗"。弄明白道理后,王波开始有意识地在播音稿上做一些语速快慢、停顿变化的记号,时时提醒自己注意。工夫不负有心人,王波成了当年度我们学校"我最喜欢的英语播音员"称号获得者。

如果你也想有意识地改善自己说话的速度与节奏,我可以教你一个行之有效的小方法——念报纸。

步骤1:买一份《人民日报》;

步骤2:选定社评、国际新闻、国内新闻各一篇;

步骤3:想象自己是新闻播音员,尽量字正腔圆地朗诵,过程中录音;

步骤4:录音回放,评价自己的语速快慢,过程中是否有节奏的变化,是否有停顿;

步骤5:对自己不满意的部分加以改善。

原则三:有意识地运用语气、语调的变化。

关于声线应用的第三个原则就是语气和语调的变化。唐代诗人白居易有一首脍炙人口的诗《琵琶行》,对琵琶女娴熟的音律技巧有着极为高明的形容:

大弦嘈嘈如急雨,小弦切切如私语。嘈嘈切切错杂弹,大珠小珠落玉盘。间关莺语花底滑,幽咽流泉水下滩。水泉冷涩弦凝绝,凝绝不通声渐歇。

以上诗句翻译为白话文就是:

粗弦嘈嘈,好像是急风骤雨,细弦切切,好像是儿女私语。嘈嘈切切,错杂成一片,大珠小珠,落满了玉盘。花底的黄莺间间关关——叫得多么流利,冰下的泉水幽幽咽咽——流得多么艰难！流水冻结了，也冻结了琵琶的弦子，弦子冻结了，声音也暂时停止。

对于表达者来说，我并不要求大家的语气、语调变化能像琵琶女那么高深，毕竟人家是真正吃这碗饭的专业人士，但是，学习其中的一些基本技巧，对于增强你的表达效果还是会大有帮助。比如说，配合你想要表达的内容，在一些特定的字眼上加强语气，突出强调的结果。你可以通过一个小练习来更好地体会一下。对于"我没有偷你打印机上的标书！"这句话，你可以尝试强调其中的不同字眼，然后感受含义的变化。

我没有偷你打印机上的标书！

如果说重点放在第一个字"我"上，这句话是什么意思呢？有人偷你的标书，但不是我，对不对？

我**没有**偷你打印机上的标书！

上面这句话的语气重点放在"没有"上，意思就变成了完全否定自己做过这件事情。

我没有**偷**你打印机上的标书！

第三句话，把语气重点放在"偷"上，意思就是我的确动了你打印机上的标书，不过是"拿"的，而不是"偷"的！

我没有偷**你**打印机上的标书！

以上这句话强调的是"你"字，意思就成了我没有偷你的，但我偷了别人打印机上的标书。

我没有偷你**打印机**上的标书！

这句话的语气重点在"打印机"上,言外之意就是我偷了你书桌上的标书,而不是打印机上的标书。

我没有偷你打印机上的标书!

最后一句话的语气重点放在"标书"上,潜在意思就是我没偷你的标书,但我偷了你打印机上其他的东西。

通过这样一个简单的练习,我们可以看到,同样一句话"我没有偷你打印机上的标书",当语气、语调的重点放在不同的字眼上时,整句话的意思就会完全不一样。

另外,还有一种方法可以帮助你训练表达时语气、语调的变化,那就是给小朋友讲童话故事。想象一下你的孩子,或者是朋友的孩子坐在你面前,你接下来要绘声绘色地跟他讲这个"小狗找幸福"的故事。

一只小狗问它的妈妈:"妈妈,我怎么才找得到幸福?"

妈妈说:"幸福就在你的尾巴尖上。"

于是小狗每天都试图咬到它的尾巴尖,以得到幸福。可无论它怎么努力,还是不能成功。

小狗又去问它的妈妈:"妈妈,为什么我追不到幸福?"

妈妈说:"宝贝,你只要抬起头往前走,幸福就会一直跟着你。"

3. 结语——回味可以更悠长

完美表达的第三个环节就是结束语,表达者如何收官对于能否达到目的至关重要。古人在写作上讲究"凤头、猪肚、豹尾"三部曲,职场表达的结束语追求的境界也如同"豹尾"一般,简洁有力、掷地有声、回味悠长。

还记得前面提到的听众记忆曲线吗？听众的注意力一开始往往比较高，后面如果没有持续的刺激就会逐渐降低，等到你的表达快要结束的时候，听众的注意力又会再次提高。因此，好的表达者需要学习如何将这一规律贯穿始终。每个表达者都理解开场白需要准备，但是往往忽略了结束语，令人感觉没有意味，仿佛正在看电影，高潮刚刚迭起的时候，突然银幕上就打出了"谢谢观看"四个大字，让人觉得非常突兀，不能尽兴。

（1）近因效应

关于开场白，我和大家分享了心理学中的"首因效应"。关于结束语，心理学中也有一个定律值得我们借鉴，叫做"近因效应"。

近因效应指在总体印象形成过程中，新近获得的信息比原来获得的信息影响更大的现象。研究发现，近因效应一般不如首因效应明显和普遍。在印象形成过程中，当不断有足够引人注意的新信息，或者原来的印象已经淡忘时，新近获得的信息的作用就会较大，就会发生近因效应。心理学家的研究还告诉我们，个性特点也会影响近因效应或首因效应的发生。一般说来，心理上开放、灵活的人容易受近因效应的影响，而心理上保持高度一致、具有稳定倾向的人，容易受首因效应的影响。

近因效应在职场面试中经常会出现。如在面试过程中，面试官告诉应聘者可以走了，当应聘者正要离开考场时，面试官又叫住他，对他说："你已回答了我们所提出的问题，评委觉得不怎么样，你对此怎么看？"其实，面试官做出这么一种设置，是对应聘者的最后一考，想借此考察应聘者的心理素质和临场应变能力。如果这一道题回答得精彩，大可弥补此前面试中的缺憾；如果回答得不好，可能会由于这最后的关键性试题而使应聘者前功尽弃。

在工作绩效评估方面，近因效应也在不知不觉中影响了领导对员工全年工作的评价。比如说有些员工平时工作不积极，等到了年底11、12月份快要绩效考核了，就开始通宵达旦、挑灯夜战。每次去找领导汇报工作进度，布满血丝的眼睛都让领导觉得他是多么爱岗敬业、尽职尽责。最终领导在给员工打分的时候，很可能就会基于这个员工近两个月的努力表现，给出一个更高的分数，而对于早前他在岗位上漫不经心、自由散漫的表现，领导已经不太记得了。

(7) 结尾的N种方法

结合近因效应，我们一起来看看在结束语这一环节，专业的表达者可以运用哪些手段和方法，来实现自己的目的。

① 总结回顾法

有的时候，你对着听众也许只讲了三五分钟，表达的核心意思在你自己看来是"和尚头上的虱子——明摆着的事"，但是对于听你说话的人，可能是"身在此山中，云深不知处"。因此，你非常有必要把你所表达的要点再次总结回顾一遍，帮助听众更好地理解。为此，你可以借助一些关键词，比如：

- 我刚才说的内容中，最为重要的三点是……
- 当各位离开这个会场的时候，我希望大家能够带走的关键内容是……
- 在我结束我的讲话之前，我想再总结一下我所表达的核心意思……

总结回顾法的好处不言而喻，也是非常安全的结尾方法。只是很多时候光有总结加回顾，可能会显得你的表达没有意境上的提升。

② 比喻法

比喻是一种帮助表达者提升表达意境的极佳方法，很多优秀的表达者都善于利用比喻来增加结尾的意味。

我在IBM工作的时候,有一次和我的老板——人力资本管理咨询合伙人黎总一起去拜访国家电网培训学院。拜访结束后,对方很热情地邀请我们一起吃午饭,过程中大家其乐融融,聊得很开心,双方围绕一些专业问题继续进行交流。

按照原计划,黎总和我下午要去拜访另外一个客户,但是国家电网培训学院的领导谈兴正浓,没有想要结束的意思。正在我暗暗着急时,黎总不慌不忙地端起茶杯,对着培训学院的领导说:"张总,今天非常感谢您的宴请,这桌菜太丰盛了,而且也非常精致,您看连盘子里装饰的花都雕得那么精致,就像咱们国家电网培训学院的管理水平一样,既有丰盛的内容,也有精细的管理,非常好!"

就在张总准备谦虚客气两句的时候,黎总接着说道:"如果不是我今天下午还要赶去开另外一个会,我真想把这朵花都打包带回去……"这话一委婉地说出来,张总马上就明白了,立刻起身说:"黎总,没事儿,下回欢迎您再来拜访,我们再交流,今天您还有会,那就先到这儿。"

这一幕给我留下了深刻的印象,我们可以看到黎总在结束时说的话中,一方面把花跟国家电网培训学院的管理水平做了一个比喻,把对方夸了一番;另一方面,他间接地传递给对方一个信号,便于对方捕捉到他希望可以结束会谈的意思。

通过巧妙使用比喻达到效果的例子不胜枚举。我有一位朋友也是这方面的表达高手。

这位朋友是广州电信的老总,有一次,他去拜访深圳某公司。他在开场的时候说,广州的天气乌云密布,到了深圳晴空万里,希

望双方的关系能够像深圳的天气这样。因为大家相谈甚欢,他在结束的时候说,刚才广州的朋友发来短信告诉他,广州下了一场雨,现在雨过天晴了,这也预示着双方天气的变化,希望这片晴朗能够让彼此有一个更好的明天。

③ 愿景激励法

在表达即将结束时,使用一些祝愿、激励的话语也比较常见,如果场合合适,使用得当的话,可以让表达的效果锦上添花。我所认识的企业领导人中,有不少非常善于使用愿景激励法,民生银行发展规划部的总经理龚志坚就是其中一位。

2011年年初,民生银行发展规划部在深圳组织了一场重要的培训,主题是客户之声、平衡计分卡、六西格玛三大管理工具的推广与运用,所有学员均是来自民生银行各家分行的业务骨干。在开班仪式上,龚总代表总行给大家做动员,介绍整个培训的目的、背景以及价值。最后,为了激发这些业务骨干的学习激情,更加投入到三大战略管理工具的培训中去,他采用了愿景描绘和激发使命感的方法:

"在座的各位同事,你们也许还没有意识到一点,你们正在投身于一件非常有意义的工作中,无论是对于民生银行还是对于你个人来说,都是价值重大!通过学习掌握了这三大管理工具,你们就是民生银行战略变革的火种,是'二次腾飞'的先驱!回到分行以后,你们就要发挥火种的力量,就要体现先驱的典范,就要把你们分行三大管理工具落地的局面打开。各位可以想象一下10年、20年以后,你们回顾今天我们刚刚开始推动三大战略管理工具的情形,你们会不会觉得自己是民生银行一个历史的开拓者和创造者呢?"

④ 阶升法

林语堂老先生在《怎样说话与演讲》一书中，提到了一个让结尾非常有力量的方法："在末尾的地方，意思一层比一层深，话语一句比一句重，一句比一句有力，一直上进，到达恰当的时候，便就止住。这样就使听众的内心一阵比一阵紧，听众的情绪一步比一步高，到达最高点的时候，听众完全就是你的，你要叫他们怎样，他们便会怎样了。"短短几句话就道出了阶升法的精髓。

2003年，我在雅芳做培训主管，负责的一个重点培训项目叫做"明星俱乐部"，就是把雅芳中国最优秀的40位销售主管组织在一起，进行为期一周的特别训练。培训的最后一天晚上，人力资源部安排了一次晚宴，把所有学员从广州从化的培训中心拉到市区一个五星级酒店享用自助餐，同时请来公司总裁、人力资源副总裁来跟学员们进行交流。

按照计划，晚宴于9点半准时结束，公司高管先一步离开，但是意外出现了，原本计划好9点半到酒店来接我们的两辆大巴车被堵在了路上，估计30分钟之后才能到。那么这等待的30分钟该如何处理？望着正在陆续起身、三三两两准备向门口走去的学员，我眉头一拧，计上心来。拿过话筒，我对所有的学员说："在我们离开之前，我想再说几句。今天晚上大家都很开心，对不对？"众人答"对"！我接着问："这次明星俱乐部的学习，你们每一位都非常有收获，对不对？"众人又答"对"！我又问道："除了知识上和技能上的收获，你们还结识了来自全国各地的朋友，对不对？"众人情绪更加高涨了，大声说"对"！我再问道："你们想不想抓住这次机会,再和旁边的兄弟姐妹们聊一聊,想不想?"更为热烈的回应响起:"想!"我于是说:"好,那我再给大家30分钟时间,大家可以随意交流,增进友谊。"

一场尴尬就这样轻松避免了。

⑤ 讲故事

听众都喜欢听故事,结语的环节也不例外。如果表达者能够用一个与主题相关、寓意深远的故事来结束整个表达,那么可以说是锦上添花的一笔了。

每次我在结束培训的时候,都会借用这样一个故事来作为结束语,这个故事的名字叫做"老人与小鸟"。

> 话说在一个遥远的小山村,住着一位老人,人们都说这位老人有非常神奇的本领,能够预知未来。国王听说有这样的一位老人存在,觉得不可思议,于是他找到这位老人,然后问道:"老人家,听说你能预知未来,那么,你知道我手中的这只小鸟是活的还是死的?"国王心想,如果老人说小鸟是活的,他就把小鸟捏死;如果老人说小鸟是死的,他就松开手,放走小鸟。总之,国王就不打算让老人猜中。这时,老人看着国王的眼睛,对他说:"尊敬的陛下,这只小鸟是生还是死,全部都掌握在您的手中。"

讲完这个故事,我会补充说道:"职场表达技能的学习在于灵活运用,是否能够学以致用,全部都掌握在各位的手中!"通常而言,在我讲完这个故事的时候,几乎所有的学员都能够理解这个故事的寓意,当然更加能够体会到我的用心。

对于表达者来说,你还可以通过讲故事来激励听众主动提出问题,增强互动效果。

Ira是一位资深的培训讲师，在行动学习、企业教练技术方面有很深的造诣。每次，他去做一些大型的讲演或者分享，在快要结束的时候，都会和大家讲一个故事，来鼓励听众向他提问。他的故事是这样的：

"不瞒各位，这个主题我讲了很多遍，以至于我都有些厌烦了。有一天，在去演讲的路上，我对我的司机Sam说，我今天真的不想讲了。Sam对我说：'Ira，不如咱们换换衣服，我替你讲好了。老实说，这个主题我听你讲了不下50次，每一个字我都能够背下来。'我一听，觉得没问题。不过还是叮嘱了他一句，他可以完整地讲下来，但千万别让观众提任何问题，否则就被揭穿了。Sam点点头，答应了。整个讲演如同Sam自己所说，非常顺利，但是，到了最后，他还是无意识地说了一句'大家有问题吗？'我的心咯噔一下，心想麻烦了。果然，一位听众提了一个非常专业的问题。Sam微笑着听完这个问题，然后对她说，'谢谢你的问题，这个问题比较简单，我想还是让我的司机来回答你吧'。"

当Ira讲完这个故事的时候，台下往往是一片笑声，Ira接着说道："你们可以提任何问题，如果问题太简单的话，我会请我的司机现场来回答大家。"

⑥ 引述名人名言、格言、警句

如果时机合适，表达者还可以引述名人名言，或者听众耳熟能详的话语，增强自己结尾的气势与力量。不过需要注意的是，引用的话语一定要和表达的主题、现场的气氛相结合，以避免让人觉得你是在掉书包，或者故意卖弄自己。

一句顶一句

1996年,我念大学三年级,适逢系学生会换届改选,于是有志青年纷纷报名参加竞选。投票的当天晚上,候选人要通过发表竞选演讲的方式争取更多的支持。有一位名不见经传的同学,在演讲的时候,借助了一句脍炙人口的广告语,以势不可当的黑马气势脱颖而出,成功当选了学生会宣传部副部长。

刘德华曾为奥妮首乌洗发水做过一广告:"我的梦中情人应该有一头乌黑靓丽的长发,乌黑的头发我觉得才够健康,相信我,没错的!"这位同学成功引用了这句广告语,在演讲的最后,很诚恳地看着所有的评委和听众,以非常富有磁性的声音说道:"相信我,没错的!"一句话迷倒粉丝无数,得到的票数狂飙而上,顺利当选!

职场感悟

放低自己,抬高对方

在职场表达的过程中,学会适当放低自己,抬高对方,会让对方更好地感受到你的诚意以及对他的充分尊重,在内心就更容易对你产生信任和好感。我可以通过一正一反两个案例来说明这一点。

先来看一个正面的例子。

有一次,我和IBM的资深顾问张木石一起拜访一位客户,向对方介绍IBM的一门经典培训课程"顾问式销售"。这门课程的亮点之一就是大量地在课堂上运用辅导的方式,让企业的资深员工担当教练,为学员提供演练的机会,并给予相应的反馈和指导。具体介绍这门课程时，张木石对着客户说道："……比如说，您就是咱们银行一位资深的销售总监，而我恰好就是新入行的客户经理，在课堂上您就是我的教练，通过演练来帮助我提升，这种方式的效果比培训师单一的讲授更加直接……"他介绍到这儿，我留意到客户开心地对着张木石点点头，鼓励他继续说下去。

再举一个反面的例子。

一个北京的朋友某日接到了来自深圳的长途电话，电话另一端是她的高中老同学，毕业后一直扎根在南方发展，已经有10年时间了。双方热络地聊了起来，彼此更新最近的个人及家庭情况。当知道对方在一家广告公司工作时，这位朋友随口就问对方："老同学，你现在广告公司负责文案还是公关呀？平时忙不忙？"这时，对方沉默了一下，大约5秒钟后，吭哧吭哧地回了句："我是这家广告公司的老总，也是合伙人……"话音未落，我的朋友瞬间就石化了，根本不知道该如何往下接话，没说几句就把电话给挂了。事后她跟我说，还好是自己的老同学，不会介意，如果是客户可就不好说了。

看完这两个案例，对于在表达过程中如何适当地放低自己、抬高对方，相信你一定有了更加深刻的理解和认识，祝你能够活学活用！

家庭小作业

请从近期的某份综合性报纸中分别选出一篇国际新闻、国内经济新闻、社会新闻、体育新闻（字数不限），模仿中央电视台新闻主播，用最为字正腔圆的方式朗读，同时录音。读完后，播放录音，尝试找到自己朗读中存在的问题。

延伸阅读

鲍勃·博伊兰著. 徐英、李华译.《从此不再怕发言——有效表达三要素》. 北京：中信出版社，2003.

第 2 节
搬开表达中的绊脚石

回想一下你过去在众人前发言的情景，从开场到结束一气呵成、毫无纰漏、没有发生任何意外的情况，有多少次？估计不会太多。所谓"常在河边走，哪有不湿鞋"，表达过程中总是会有这样或那样的问题出现，困扰着你。

比如说，你在上面说得口沫横飞，听众在下面大瞌其睡；或者你正说得兴高采烈，听众却突然提了一个特别刁钻的问题，而且摆明就是想要挑战你一下；再比如，表达过程中发生一些让你悲催的意外：脑子卡壳了，电脑崩溃了，投影仪突然没电了，视频文件突然打不开了……这些统统都可以称为表达过程中的绊脚石，它们隐藏在一些角落，冷不丁就绊你一个趔趄，甚至让你前功尽弃。这一节，我就来和大家分享扫除以上绊脚石的心得和技巧。

一、激发听众思考的技术

先来看一个巧妙提问的小案例。

一个月前，我参加总行外事处举办的外事管理工作会议，由两位具体负责外事工作的同事宣讲单位的外事管理办法，以及具体办理出国（境）的流程制度。时值下午，本来就是容易犯困的时间段，加上第一位同事四平八稳、波澜不惊的语气、语调，更是让在场的所有人都陷入昏昏欲睡的状态中。我坐在第一排，奋力睁开双眼，与阵阵袭来的瞌睡作斗争,至于台上说的是什么,我完全听不进去。终于熬到了他讲到"谢谢大家,欢迎提问"的环节,台下一片沉寂。没人听讲,没人思考,何来问题?

片刻休息后,第二位演讲者开始了。正在我准备运功抵挡瞌睡来袭的当儿,台上传来的一个问题唤醒了我处于休眠状态的CPU,"在开始讲解前,我先做个小调查,请问在座的各位领导和同事,有多少位办理过因公出国(境)护照或者签证?请举手示意一下好吗?"迟疑了片刻后,我和周围的同事一起举手示意办理过。"谢谢,第二个小问题,觉得办理制度复杂、流程繁琐的同事请举手示意一下好吗?"听到这个问题,我的脑子里闪现出各类表格、公文、签报、审批、面试……于是毫不犹豫地再次把手举起,四下一看,发现大家原来都有同感。"谢谢大家,我能理解大家的感受,如果说听完我的介绍,能够让大家对相关办理流程更加熟悉,少走弯路,少做无用功,大家会觉得有用吗?"大家几乎异口同声说道:"有!"

这时,我发现自己已经完全清醒了,台上表达者的三个问题轻轻巧巧地抓住了我的注意力。10分钟后,正当听众的能量再次开始下降,台上又适时传来提问的声音:"以上我们介绍了办理因公赴美签证的流程和相关注意事项,在接下来讲解英国签证的办理流程之前,为了检验大家对于这一模块内容的掌握程度,我想做一个随堂小测验,答对的同事我们有小奖品赠送。请问办理赴美签证需要的照片尺寸是多大?"台下随即传来了一片翻阅笔记、喁喁讨论的声音,一会儿工夫,有人举手回答问题,顺利拿到了奖品。开心的笑声再次感染了会场中的每一个听众,气氛变得更为融洽了。

通过这个案例,你肯定已经充分感受到提问题对于现场发言的价值:第一,它能够在刚开始的阶段引起听众的注意力;第二,可以有效地激发听众的兴趣;第三,可以检验听众对于表达主题以及具体内容的掌握程度,同时激励他们持续地保持注意力。

这里有必要强调一点,职场表达绝对不是表达者对着听众灌输大量信息的单向沟通过程,也不是一个物理反应的过程,如果职场表达只是停留在这个层面,基本上效果都会很差。职场表达必须是一个表达者和听众之间双向沟通的过程,同时让化学反应自然发生。通过有效提问,就能实现这一点。

1. 六种提问手段

作为一个好的表达者,面对不同的表达情境,究竟有哪些提问的方式可以运用?经过长期的调查分析,我总结出来以下六种方式:

(1) 封闭式问题

所谓封闭式问题,就是答案在是或者否、对或者错、此或者彼之间做选择的问题。常见的封闭式问题有:

- 请问大家之前对于这个主题是否有所接触或者了解?
- 请问大家对于我所说的内容有问题吗?
- 请问你是微博控吗?

封闭式问题的好处是听众容易回答,同时也便于表达者在听众当中征求意见、统一想法;缺点在于可回答的面太窄,不利于听众进一步发挥。

难度系数:★★★

推荐星级:★★★★★

(2) 开放式问题

本书前面曾简单提到过开放式问题，此处再详细说明一下。相对于封闭式问题，开放式问题的答案是不固定的，通常而言以"为什么、是什么、怎么做"等开头的问题都属于这一系列。比如：

- 为什么你会认为"知道"不等于"做到"？
- 一名优秀的一线员工需要具备的基本素质是什么？
- 根据你的观点，怎么做才能成长为一名优秀的中层干部？

开放式问题比封闭式问题更加能够有效地激发听众去思考，同时也能够创造一种活跃的讨论气氛。反过来，开放式问题的风险在于，表达者有时很难hold住局面，尤其是对所提出的问题自己心里没底的时候。

难度系数：★ ★ ★ ★ ★

推荐星级：★ ★ ★ ★ ★

(3) 整体式问题

所谓整体式问题就是表达者提出一个问题，抛给的对象是所有听众。整体式提问的好处在于能够迅速抓住所有听众的注意力，比如前面案例所提到的，"在开始我的讲解前，我先做个小调查，请问在座的各位领导和同事，有多少位办理过因公出国（境）护照或者签证？请举手示意一下好吗？"

当然，整体式提问也有它的风险所在，那就是貌似你在问所有人，但是每个人心里也许都在想，反正有人会回答，不关自己的事，到头来有可能谁都没有回答你的问题，冷场的尴尬局面就此出现。

作为主讲人，万一因提问带来的冷场的局面出现，你该如何处理呢？有人说马

上再换一个问法问大家,不行就直接点将好了;也有人支招,干脆自己把答案抛出来算了。很显然,这两种做法都不是上选。在这种时刻,你的气势非常重要,遇到冷场的尴尬时一定要保持镇定,千万不能在这个互动的过程中,因为想要调动听众的情绪,结果反而让自己的气势受到打压。一旦你面向所有听众抛出问题,就必须尽最大可能从听众那儿要你想要的回应,这个时候的上策就是等待,积极地等待。

等待意味着给听众思考的时间。在听众思考的同时,你要充分运用眼神去观察、判断听众当中哪些人是真正在思考你的问题,并且有意愿表达他思考的结果,这一点非常重要。如果听众只是装作在思考,他的眼睛多半会避开你的目光,这样的人,我建议你不要去找。你需要找那些目光敢于迎向你的听众,此时此刻,你要学会面向他,微微地用手向上抬一抬,然后用你的眼睛暗示一下他,得到这样一个积极肯定的信号后,他就会顺势而起,表达出自己的观点和看法。

退一万步讲,如果你发现所有的听众看上去都不想回答你的问题,你可以委婉地说:"我知道大家都在思考这个问题,我也先把我对这个问题的看法抛出来,以供大家讨论。"

难度系数:★ ★ ★
推荐星级:★ ★ ★ ★

(4) 直接式问题

与整体式问题相对应,直接式问题就是指定某一个听众回应你的问题。这样做的好处就是你的问题提出来后会有一个去向和着落,但也存在潜在的风险,无论你的听众是不着边际、天马行空,还是支支吾吾、闪烁其词,或者三缄其口、不予回应,你都要现场想其他招数去化解。因此,在你和部分或全部听众真正熟络、建立信任之前，最好不要用这种提问方式。

难度系数：★ ★ ★

推荐星级：★ ★ ★ ★

(5) 反问式问题

反问式问题的使用方法与前面四种不太一样，它是指在听众向表达者提出问题时，表达者先不予以直接回应，而是抛回去问对方。如："在我回答这个问题之前，我可不可以先听一听你是怎么看这个问题的？"至于这样做的好处，一方面，你可以引导听众发言，了解他的观点及观点背后的价值主张；另一方面，如果你对于马上回答该问题无甚把握，就可以为自己争取更多时间去思考如何回应。

运用反问式问题时，千万不要带着敌对的或者挑战的情绪，否则容易激怒听众，反过来他轻飘飘的一句"我如果知道答案还要问你做什么"，就会让你很难受了。

难度系数：★ ★ ★ ★ ★

推荐星级：★ ★ ★

(6) 传递式问题

传递式问题比较特殊，就是听众当中的某一个人提出一个问题，表达者不直接回应他，而是把问题传递出来，问在场的其他听众。与前面五种提问方式相比，它更加讲究技巧。因为传递式有点类似于打太极，左边把球接到手上，右边把球抛向所有人，让大家共同思考，成了一个整体式的提问。

使用传递式提问，需要格外注意三点：第一，不是所有问题都适合拿来做传递式问题；第二，表达过程中不适合经常用传递式，否则容易让听众认为你总是在打

太极；第三，用传递式提问收集到一些来自于其他听众的观点和看法后，最终的归纳与总结还是要回到表达者自己身上。

难度系数：★★★★
推荐星级：★★★★

2. 提问的四项基本原则

原则一：明白你提问的目的。

很多时候，表达者只是为了提问而提问，至于提问是为了达到何种目的，说不上来。更糟糕的情形是，表达者前一分钟还没有想到提问，后一分钟一个问题已经脱口而出。这种问题往往质量奇差，听众基本上不是听不懂，就是答不上，即便答上来，多半也不是表达者所期待的结论，最后手忙脚乱补救的还是表达者自己。

原则二：问题表述要精练。

表达者常犯的一个错误就是提出的问题不够精练，这种情况普遍存在，核心原因在于事先没有想清楚问题究竟该如何表述。等到发现听众似乎没有完全理解清楚自己的问题时，又会用更大的篇幅来解释问题，不知不觉中发现自己把答案也说了出来。

原则三：一次只提一个问题。

表达者提问时必须重点集中，每次只能提一个问题，千万不能提复合式问题。所谓复合式问题，就是面对听众一次提了两个甚至更多的问题。在这种情形下，即使每个问题的质量都很高，听众很多时候还是会手足无措，不知道应该回应哪个问题。

有一次，一位女学员在职场表达培训课程上尝试练习提问技巧，她是这么做的：

"大家下午好,很高兴我能够在这里跟大家分享一些我对于职场礼仪的心得与看法,在我讲之前,我想问大家,你们觉得职场礼仪重要吗?"

还没有等听众做出反应,这位女生迫不及待地说道:"如果各位觉得职场礼仪重要的话,那你觉得它对于我们每一个职场人士具体的价值跟意义在哪里呢?"

还没有等大家反应过来,她接着又说:"如果有一天你跟你的老板去拜访一位客户,到了客户楼下,电梯来的时候,你觉得应该是让你的老板先进去,还是你自己先进去呢?"

还是没有等大家反应过来,她又说:"如果这个时候你们见到了客户,你觉得是你先交换名片还是让你的老板先交换名片,才比较符合我们的社交礼仪呢?"

说到这儿,她终于告一段落,用充满期待的眼神看着所有人,等待大家回应她的问题。然而现场所有人都用茫然的眼神回看她,这时一位男生吭哧吭哧地说:"不好意思,你能再说一遍吗?我不记得你的问题了。"

原则四:提问要打组合拳。

原则三告诉我们提问要有重点,一次只提一个问题。但很多时候,提一个问题或者一类问题都无法达到目的,比如只提封闭式问题显得过于简单,而开放式问题又比较难以控制,这时表达者就可以通过组合式提问来提升效果。关于封闭式问题与开放式问题的组合,我的建议是可以先运用封闭式问题锁定方向,再通过开放式问题在特定的范围内发散。

还是以上面提到的那位女学员为例。她向听众做商务礼仪的演讲，在开场之前，想通过提问的方式引起大家对这一主题的关注。其实，她可以有这么几种选择：

第一，单独只问一个封闭式问题，如"大家认为商务礼仪是否重要"。

第二，单独只问一个开放式问题，如"大家为什么觉得商务礼仪在当今社会如此重要"。

第三，组合式提问，先问一个封闭式问题"大家认为商务礼仪是否重要"，在得到现场听众一些正面、肯定的答复后，再追加一个开放式问题"大家为什么觉得商务礼仪在当今社会如此重要"。

很显然，第一种方式只能得到有限的信息与回应，无法激发听众思考；反过来，第二种方式一上来就问听众开放式问题，听众回应问题的配合程度，以及顺着她的思路往下思考的深度通常会很有限。

毫无疑问，第三种方式更容易激发听众思考，提升他们的参与感。因为前面有封闭式问题做铺垫，接下来又有开放式问题做深化。如果表达者感觉听众的能量水平比较高，还可以追一个问题，如"各位在正式的商务礼仪场合下，遇到过的最主要的问题或挑战是什么"。这样一来，整个现场的讨论气氛就会更加热烈了。

二、回答问题原来这么有讲究

拦在顺畅表达路上的第二块绊脚石与如何有效回应听众的提问有关。作为表达者，你应该欢迎、鼓励听众提出问题，因为只有提出问题才代表听众在思考，也才能说明听众对你所讲的主题感兴趣。但是，很多表达者心里最害怕的又是听众提问的环节。因为一旦回应不好，他会觉得自己在听众心目中失分了，或者光辉形象被打了折扣。接下来，我就和大家分享如何运用完美回应四步法，来搬掉这块绊脚石。

1. 完美回应四步法

第一步：聆听问题。

听众一旦看着你，说"我有问题"这四个字时，你就必须集中百分百的注意力，竖起耳朵聆听他的问题。只有听清楚问题是什么，你才能够有效地做出回应。在听的过程中，你最好能够注视对方，同时点头示意，用"嗯""对"等语气词来鼓励对方完整地表述问题。

国际知名的教练大师玛丽莲·阿特金森博士曾经说过，聆听其实是非常有讲究的，它至少可以划分为三个层次：第一层是表达者只是听到自己想听的，第二层是听到了对方真正关心的，第三层是"听"到对方的气息、情绪、动作，感知对方的状态。毫无疑问，每个表达者都要努力让自己在聆听的境界上达到第三个层次。

第二步：检验理解。

在听完问题后，一定要抑制住自己马上回应听众的冲动，记住先检验你有没有准确理解。这样做还可以为自己争取到更多的时间去思考该如何回答。鉴于此，你可以通过复述的方法，重复一遍听众提出的问题，或者帮助听众澄清一些概念，以助于你针对问题本身，和问题的提出者达成共识。

第三步：给予肯定。

在做完检验理解这个动作后，还不宜马上基于问题开始回应，这时需要恰当地对听众给予肯定。相信细心的读者一定还记得本书第一章所提及的听众有两方面的

需求，逻辑需求和情感需求。当听众提出一个问题的时候，一方面他当然关心你的答案，另一方面他也希望能够得到来自于你的认可和肯定。所以在真正回应问题之前，你需要满足听众的情感需求。一旦听众这方面的需求得到满足，你和他的关系无形中就被大大拉近了。

给予肯定应成为表达者在回应听众问题时的一个规定动作。对听众的肯定需要采用不同的方式，可以是一句赞扬的话语、一个认同的眼神，也可以是竖起大拇指的手势，还可以走上前去轻拍对方的肩膀，等等。

我在IBM做咨询顾问时，有一次拜访深圳某地产公司的培训经理，向她介绍IBM的蓝色经理人能力提升项目。对方是一位年轻的女士，从事培训工作三年时间，虽然专业性不是太强，但很是谦虚好学。

在我介绍完整个方案后，她问我："宋老师，我们之前也操作过一些领导力提升的项目，但是有一些项目的效果不太明显，您觉得领导力提升项目成功的关键是什么？"我一边聆听她的问题，一边迅速在笔记本上记下要点，确认了她的问题后，我这样肯定她："你问了一个很棒的问题，很多培训经理只关注实施，而不注重成效，这个问题说明你是一个以绩效结果为导向的管理者。"寥寥几句话，我留意到她的眼睛都亮了。

那次拜访原本计划是一个小时，因为对方在我的鼓励与肯定下，不断地提出问题，最后持续了两个多小时，我们也顺利地得到了一位支持者。

第四步：回应问题。

在认可、肯定听众之后，接下来才要去回应问题。回应问题时的原则有三：

第一，表达时要注意先后、主次之别，比如可以使用"首先、其次、最后"，或者"第一、第二、第三"这种字眼。这样做的好处是，即使你回应问题的实质内容未见得有多么强的内在逻辑性，但这些字眼会让听众觉得你的回应富有逻辑性。

第二，尽量控制回应问题的时间，不宜洋洋洒洒、长篇大论，以要点为主。

第三，如果说听众提出的问题其实是你之前已经讲过的内容，记住一定不要打击你的听众，尝试用更委婉的方式来回应。如："正如我前面所提到的那样"，"在前面的环节中我谈到了这个话题，可能我没有把它讲清楚，我尝试再换一个方式去讲解一遍"。这样能给听众留面子，让他感觉很舒服。

2. 如何处理挑战性问题

完美回应四步法的背后有一个隐含的假设，那就是听众提出的问题都是你能够回答上来的。还有一类属于挑战性问题，你很难回答甚至回答不上来，这时你又该如何处理？在分享处理挑战性问题的技巧之前，我们先把挑战性问题再次细分为两类，即一类是围绕着获取信息提出的问题，一类是围绕着观点探讨提出的问题。

（1）应对信息获取类问题

如果听众是围绕获取信息提出的问题，回应策略如下：

第一种就是老实承认自己不知道，暂时没法给听众提供答案。这么回应显得你很诚恳，所谓知之为知之，不知为不知，是为知；风险在于听众可能会对你的专业形象有所质疑，所以要谨慎使用。如果你真的告诉对方你不知道，后面的半句话一定要接上："我可以在××时间点之前查到这个问题的答案，然后再给你回复，你

看是否可以?"

据我观察,越是对自己有信心的职场表达者,越敢于对自己不知道的问题说"不知道",这反而是一种有自信心的表现。我的观点是,表示不知道并不可怕,关键在于你对待听众的态度是否认真负责,这个又反过来会影响听众对你的态度。

第二种叫做拖延战术。拖延战术的运用要看场合,如果你通过分析、判断,觉得自己不能简单地告诉对方你不知道,同时你又可以为自己争取更多时间去找到问题的答案,你就可以用拖延战术。

2003年7月,我在雅芳公司为新进员工做公司历史与企业文化的培训,其中有一项内容提到,雅芳在美国上市公司标普500指数的化妆品行业中排名第四,仅次于宝洁、雅诗兰黛、舒适。这时,一位学员突然举手提问:"宋老师,前面两家公司很好理解,为什么舒适作为一家生产男性剃须刀片的公司,也会出现在化妆品行业的排名中呢?"

我当时一愣,心想的确是,为什么呢?之前备课的时候只是扫了一眼,当时自己没有觉得这有什么问题呀。正想说我也不知道,但是转念一想,如果说不知道,肯定会有损于人力资源部培训发展团队的专业形象,于是我一副胸有成竹的样子,跟他说:"这个问题很简单,一会儿课间休息的时候我再告诉你,先让我把后面的内容讲完。"他表示没有问题。

等到课间休息的时候,我第一时间先回了自己办公室,上网搜索这个排名当中为什么会有舒适刀片。感谢万能的互联网,很快,我就了解到舒适在美国除了做男性剃须产品以外,还有很多皮肤护理用品，所以也属于这个行业，只是很多产品线暂时没有引进到国内。掌握了准确答案后，我从容地回到教室，把结果告诉了提问的学员，他也很满意。

那次虽然顺利地渡过了危机，但我从中吸取了一个教训，就是以后每一次做主题培训，我都会围绕听众有可能会提出问题的每一个点翻阅资料，查找信息，尽量做到没有任何遗漏。

(7) 应对观点探讨类问题

除了信息类的挑战性问题，在面对观点类的挑战性问题时，如果你一下子被听众"将"在那儿，又该如何处理呢？

如果有可能，你首先可以尝试转移战术，前提是你了解听众或者你的支持者阵线当中，谁有什么样的专长，能帮助你回答什么样的问题。当然，你也可以通过在现场的观察，尝试找到适合替你回答问题的对象。他们通常会是那些用目光看着你，愿意支持你、帮你回应问题的人。

> 有一次，我和IBM的一位同事一起去拜访客户，探讨领导力发展的相关问题。谈着谈着，客户突然问了我一个问题："宋老师，你认为在3G时代下，我们移动通信行业的全业务模式会面临什么挑战？"坦率地说，这个问题不在我的研究范围内，我也没有什么深刻的观点，所幸我的同事恰好做过几个移动通信行业的项目，多少有些涉及，于是我马上把他抬出来救场，客户对于他的真知灼见非常满意。

除了转移战术，你还可以运用变焦法。当对方提出一个范围很大、很笼统的问题时，你可以通过调整问题的范围，聚焦在某一个你能回答的点上给予对方回应。

 曾经有一个客户问我"为什么咨询行业的收费都这么高",我一时很难回答,只能尝试变焦法。"我知道您关注项目的成本问题,事实上咨询行业范围很大,我们管理咨询只是其中的一个分支。管理咨询又分为国内咨询与国际咨询,大家收费的依据又不一样,比如说一些小规模的国内管理咨询公司,他们的收费就比我们要低不少,但是相对来说他们的知识产权沉淀也相应单薄很多……"

三、搞定突发情况的技术

美国有一位名叫墨菲的空军上尉,他的主要工作就是维修飞机,在维修飞机的过程中总结出了有名的墨菲定律:事情如果有变坏的可能,不管这种可能性有多小,它总会发生。对于职场人而言,在表达中遭遇的第三块绊脚石就是在你意想不到的环节可能会有意外出现。所以,在表达开始之前,一定要记得问一问自己,你的计划有没有PLAN B(应急备案),能不能从容应对可能会出现意外的环节?

1. 表达过程中的突发状况

(1) 失去思路

你也许有过这样的经历,讲着讲着好像突然断电一样,头脑一片空白,想不起来接下来该表达什么。这个时候怎么办?以下几种方法可谓屡试不爽。

第一种方法是淡定地停顿下来,对你刚才所讲的内容先做一个小结回顾,尝试激发自己回忆起下一个要讲的要点;第二种方法是停止讲述,现场提问,如"大家对于前面的内容有没有问题",并且利用听众思考和提问的时间,帮助自己把短路的地方接通；第三种方法是提前准备一个小卡片，把你要讲的要点都写在这张小卡片上，当出现思路短路的时候，就掏出小卡片看一眼。

除了以上三种方法，第四种方法是我个人的一个心得，即对付失去思路最好的方法就是不要让自己失去思路。乍听起来，好像这是一句没用的废话，实际的含义是，如果你能从整体上对所要表达的主题有清晰的理解，同时明确整体之下各个部分之间的逻辑结构，通常来讲你是不会失去思路的。赖声川在《赖声川的创意学》中提到了"双视线"的概念，说明的也是同样的道理。所谓双视线，就是一只眼睛关注整体，一只眼睛关注局部，如此一来，整体和局部都尽在表达者掌握之中。

我在英国念书的时候，一位我非常尊敬的管理学教授与我们分享他做学问的心得，他说读书、做学问有两个阶段，第一个阶段是当你读书的时候，你需要把一本书读薄，变成一张纸，把书中所有最核心的观点、原理与架构浓缩提炼在这张纸上；第二个阶段是要再把这本书读厚，变成三本书、六本书、九本书的厚度。读厚的过程就是你把知识结构往外拓展开的过程。

职场表达的原理和读书做学问的原理一样，不管你要讲多长时间，首先都需要把它进行浓缩、提炼，掌握最核心的观点，然后再根据实际情况来发挥延展。

(7) 设备故障

信息时代的到来，使职场人在表达中越来越离不开各式"先进武器"：投影仪、笔记本电脑、音响、麦克风、视频文件、Flash动画、激光笔等。在享受它们带来便利与高效的同时，也不得不承担设备出现故障或者发生意外时的风险。在这类"绊脚石"出现时，你可以运用以下应对策略。

第一，为意料之外的各种设备问题准备好相应的笑话，以便从容应对。这里有一些例子可以参考：

① 麦克风发出噪音

"这正是我今天出门时我老婆对我说的话,对我的耳朵极富有冲击力,但我完全无法理解她到底说了什么。"

"我来解释一下它的意思吧,它提醒我说,该休息一下了。"

"能不能帮我告诉音响控制室的哥们,我欠他的十块钱结束以后一定会还的。"

② 投影仪失灵

"看来最近我的功力大增,投影仪的灯泡已经被我的内力震伤了。"

"我是上周四把这玩意儿打开的——它都热身到现在了。"

③ 墙壁上的挂图或其他物件掉落

"这屋子之前发生过这一类的灵异事件吗?"

"有谁听见吗?很好,那我们继续吧!"

第二,把所有设备或电子文件检查两遍,永远不要假设它会正常工作。

不要因为你前天才用过这个投影仪或遥控笔,就以为今天它仍然会乖乖地替你服务。在你不知情的情况下,别人可能已经"辣手摧花",烧坏了灯泡或者用完了电池,又或者把接线取走后忘记归还。而在设备出错时,听众只会责怪于你。

在我服务于雅芳公司的时候,发生了一个让我至今难以忘怀的意外情况。我们制作了一套培训光盘,用于提升公司销售主管的店面管理能力。在将这套光盘正式推出前,我们需要向负责销售的副总裁展示其中的核心内容。汇报会的头天晚上,我们在会场里完整地模拟了一遍,流程很顺畅,光盘的音质与图像质量也完全正常,于是团队所有人都放心地回家了。

> 第二天一早，我本来想提前去会场再试一遍，但后来转念一想，反正头天晚上已经试好了，应该不会有问题的，省得麻烦。悲剧在演示正式开始前5分钟发生了，我们惊恐地发现电脑信号无法正常地输入投影仪，而这时已经来不及更换一台投影仪了。我很狼狈地向老板解释说昨天晚上还是正常的，但心里也知道解释等于掩饰，毫无意义。最后的解决办法是，现场请光盘中的男女主角演绎了一小段光盘中的培训内容，这段"真人秀"还算给力，老板认可了我们的工作成果。

第三，定期给你的电脑杀毒。

前段时间，一位业内知名培训师跟我分享了她的一次尴尬经历：

> 正当她在讲台上口若悬河、指点江山的时候，连接显示仪的电脑上突然跳出了一个IE对话窗口，一幅不堪入目的黄色网页华丽丽地呈现在众人面前，台下一片哗然。好在培训师本人还算淡定，从容地关掉网页，继续讲课。
>
> 课间休息的时候，一位负责IT的学员就跟她说："老师，您的电脑应该是中毒了，您之前没上过什么网站吧？"她嘴上说没有，心里却犯起了嘀咕，暑假的时候，她的电脑被老公的弟弟用过几天，难道是……？

所以，对于那些经常要面向公司领导或者行业客户做重要商务演讲与表达的职场人士而言，定期为你的电脑杀毒非常重要。此外，尽量不要用工作电脑访问那些有可能会隐藏病毒的黄色网站，否则你很可能会遭遇不必要的尴尬。

(3) 电线绊脚

"我看见了电线,我挪动了电线,我跨过了电线,最后,我还是被电线给绊倒了,一跟头趴在了地上,耳边还有掌声未断,我的夏奈尔套装、我的优雅气质霎时间成了神马和浮云,我恨不得找个地缝钻进去……"

一位朋友在和我分享她的某次不幸遭遇时仿佛心有余悸。毫无疑问,表达场合中的各种电线有时就会断送掉你的大好局面。面对它,你可以这么办:

① 把所有的电线粘在地板上

这是帮助你杜绝此类风险的好方法,你可以要求专业人士提前帮你做到。千万不要以为你自己可以记住所有电线的位置,真实情况往往是,你上台的时候因为注意力高度集中,所以能够轻巧地避开各种电线,然而你下台的时候,因为精神一下子放松,马失前蹄的悲剧这时就发生了。

② 用幽默来缓解尴尬局面

我记得我对这位被电线绊倒的朋友说,如果我是她,我会赶紧跳起来或站直身子,假装偷偷地环视四周,就好像在瞅一眼有没有人看见,然后自我解嘲地问道:"没有谁看见吧?很好。"当听众看到你并未因跌倒而受伤时,他们的不安也会化解在笑声之中。

面对这种情况,你还可以说,"我是个低调的人,你们的掌声让我紧张得不淡定了",或者说"谁刚刚在这里专门给我挖了个洞?太坑爹了"!

(4) 超时或者过早结束

表达过程中常出现的意外还体现在时间控制方面,或者是内容太多讲不完,以致超时;或者是时间太多没用完,导致过早结束。无论是前者还是后者,都是表达者需要避开的绊脚石。

① 表达超时

表达超时不仅可能会引起听众的反感，甚至会让你的努力前功尽弃。

> 有一次，我去拜访一位重要客户，向他营销我们新出炉的产品方案，约了好几次都没约上，好不容易让客户的秘书帮忙，见缝插针安排了半个小时给我。会谈前，秘书还嘱咐我，老板下午还要赶国际航班，让我一定不能超时，我随口答应了。然而，当我讲了25分钟的时候，发现才讲了不到一半内容，接下来我开始以疯狂赛车的速度拼命翻PPT，可还是超时了。望着对方频频看表、不耐烦的样子，我的心一沉，知道这来之不易的机会生生让我搞砸了。

上面描述的场景，或许你也曾经亲身经历过。当遇到超时的情况时，首先你需要做的就是提前向对方声明，并恳请对方再多给你一点点时间，比如5分钟。你可以这么说："很抱歉，林总，我真的非常珍惜这次拜访您的机会，所以这次的内容准备得有点多，您能再多给我5分钟吗？谢谢您！"通常，对方不会拒绝。接下来，你需要果断地砍掉一些不重要的内容，突出强调最核心的观点。

② 过早结束

对于表达中的过早结束，我的建议是你在准备阶段就需要多备一点"料"。这点"料"是在正常表达流程之外的环节或内容，一旦出现表达时间有富余的情形，就可以把备料拿出来使用。

除此以外，你还可以设计、使用几个与表达主题相关的问题，让听众一起讨论，同样可以把多出来的时间很好地利用起来。

2. 应对突发的三个锦囊

以上分享了表达过程中经常会出现的几类突发情况,以及相应的应对策略。坦率而言,我无法穷尽表达过程中的各种意外事件,但可以为你提供三个锦囊,以助你自如应对各种疑难杂症。

锦囊一:充分准备,设计备案。

"凡事预则立,不预则废",如果你事先就充分考虑到各个环节中的突发情况,并且提前做好相应的准备,一旦问题真正出现,你就能做到淡定处理。听众眼中的危机环节反而成了他们心中的一个加分环节,对于你个人,也是一个自信心提升的过程。

锦囊二:保持镇定,相信自我。

对于听众而言,当意外出现的时候,他们通常不会幸灾乐祸去点评你遭遇的尴尬,只会观察判断你的态度以及处理的方式、方法。

> 在美国一档脱口秀节目当中,制片方邀请了克莱斯勒汽车公司的一个高层管理人员,请他谈谈美国汽车工业的发展变化。录制现场在一个舞台上,讲着讲着,这个人高马大的胖子整个人往后一翻,连人带椅突然从镜头里面消失了。就在主持人以及所有的观众发出惊呼声的同时,但见这哥们不慌不忙地站起来,礼貌而又坚定地拒绝了工作人员的帮助,自己端端正正地扶好椅子,然后慢悠悠地坐下,整个过程他没有中断自己的表达,就像整件事情没有发生过一样。这时,所有人为他的镇定自若、大将风度抱以热烈掌声。

锦囊三:积极思考,寻找对策。

我个人信奉的一点是,任何问题都有解,只是看你能否找得到。越是在危机之下，面对着时间的压力，越要相信你自己能够灵活变通，找到解决问题的方法。

有一次，我为湖南长沙某企业实施职场表达技巧的培训，在讲授声线训练的部分，为了让学员更好地体会到语气、语调的运用技巧，我准备了美国著名黑人演说家马丁·路德·金在《我有一个梦想》演讲中的一个片段：

I have a dream that one day this nation will rise up and live out the true meaning of its creed: we hold these truths to be self-evident, that all men are created equal.

这是一个小音频文件，内嵌在PPT文档中，过去使用了几十次都没有任何问题，但那一次却怎么都播放不出来，正在我琢磨该如何处理的时候，学员善意地给我提建议，让我来段现场朗诵。我一听，正中下怀，中英文朗诵那可是我的强项啊，甫一读完，所有学员给予热烈掌声。

职场感悟

再做一遍，有何不同？

2004年，我完成了个人职业生涯的第二次重大转变，从企业的培训管理者转身成为培训公司的专业讲师加顾问。加入培训公司后，我参与的第一个项目是为深圳华侨城欢乐谷构建园区9大岗位的服务标准。我带着3位年轻的顾问，在园区里面驻扎了一个月，我们完成了厚厚的一本服务标准手册。汇报会上，客户对我们提交的成果非常满意，项目顺利结束。

一句顶一句

当天下午，我的领导，培训研发总监 Wilson Zhang 召集项目团队召开项目总结会。会上，他提了这样一个问题："整个项目如果让我们再做一遍的话，会有何不同？"正是这个问题让我一下子从胜利的喜悦当中冷静下来，认真反思实施阶段的各个环节当中有哪些地方值得检讨与改进。在接下来的一个小时，项目组的同事们一起列出了22个可以改善的点，以及具体的改善想法。作为项目的主要负责人，我顿时觉得自己从这个项目本身又学到了很多很多，所有的这些收获都来自于那个重要的问题——如果再做一遍，会有何不同？

从那以后，每当我完成了一项重要工作，我都会问自己这个问题：如果再做一遍，会有何不同？让自己沉静地反思和梳理一遍整个过程，找到可以优化和提升的地方，加以改善。

对每一位职场中打拼的人来说，"再做一遍，有何不同"以及它所代表的反思过程相当重要。只有不断地问自己这个问题，不断地进行反思，才能推动个人的工作经历转化为职场经验，并持续沉淀下来，职场中的你才会一天比一天变得更加有竞争力！

家庭小作业

设想一下，你是某邮政局大客户营销中心的客户经理，现在的时间是2012年9月10日，距离中秋佳节还有20天。你今天前去拜访一家大型知名广告公司的行政经理，向他介绍邮政局今年月饼邮寄的服务。据你所知，这家广告公司每年都要向客户赠送很多盒月饼，但从来没有和邮政局合作过。你希望能够向他介绍你们的系列产品，引起他的兴趣。请为你的介绍设计一个开场白，方式不限。

延伸阅读

莉莲·怀尔德著．刘月译．《当众讲话的艺术》，北京：新华出版社，2003.

第四章

塑造你的表达风格——成为你自己

一句顶一句
说着说着就成了

> 有些人想成功，还有些人渴望成功，另有些人通过努力使梦想成真。
>
> ——迈克尔·乔丹

本章将把关注点投向表达者自己，探讨职场表达如何实现从优秀到卓越。如果一定要做一个类比的话，优秀的表达者就像金庸、古龙笔下的剑客，要想成为一代高手，除了剑术本身要高超外，还需要不断修炼内功，打通任、督二脉，才能真正独步江湖、雄霸武林。

第 1 节
独特的风格从大量的练习中建立

一直以来，我为众多的企业客户做过有关职场表达、专业呈现等主题的培训课程，尽管培训效果不错，但我从不相信两天的训练能够带给学员脱胎换骨的变化。技巧高超的表达者就像一只水中游弋的天鹅，湖面上的身影特别优雅华贵，但它的脚却是在湖面下不停划动着。你永远只能看见上面的东西，无法看到水面以下的部分。事实上，每一位表达者独特的风格都是从大量的练习中建立起来的。

为了说明这一点,我首先要和大家分享我的"职场表达冰山理论"。

提到"冰山理论",相信大家一定不陌生。在职场中,它经常被用来比喻一个员工的全部才能。呈现在管理者视野中的员工才能往往只是冰山上的一小部分,大约占 1/8,包括员工所拥有的资质、知识、行为和技能等显性素质,而潜在水面之下的 7/8 的内容,包括职业道德、职业意识和职业态度等隐性素质,却未必被管理者所知道。但从某种程度上来说,冰山下的隐性素质更重要,因为它决定了冰山上的显性素质。

借用"冰山模型",我们来看看它在表达中意味着什么。在冰山之上的这部分,我们称之为表达者的 3V,包括 Verbal(语言)、Vocal(声线),以及 Visual(身体语言),这三方面是可以直观地被听众感知到的部分,表现的好坏对听众的影响程度差异很大;在冰山之下,也分为三个层面,分别是表达者的知识与经验积累、激情、思维与行为习惯,这三方面虽然不易为听众直观感知,但却是决定表达效果的关键因素(见图 4-1)。

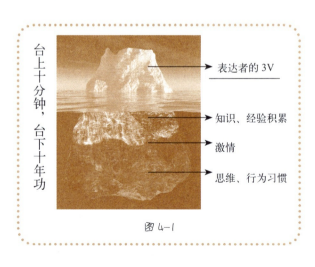

图 4-1

一、表达者的 3V——Verbal、Vocal、Visual

早在上世纪 50 年代，加州大学洛杉矶分校的阿尔伯·梅拉宾博士在他所著的 *Silent Messages*（《无声信号》）一书中就提出了这样的研究成果：当一个人在与对方沟通的时候，他对对方的影响只有 7% 来自于说话的内容，而说话时的语气、声调占 38%，行为、表情、动作更是占到 55%（见图 4-2）。也就是说，作为非言语信息，行为、表情、动作在沟通表达中的影响才是最为关键的。因为，身体语言从来不会说谎！

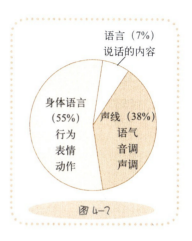

图 4-2

这一理论被广泛接受和运用于各类沟通、表达的培训中，同时也被借鉴到相关的影视作品当中。

图 4-3

2009 年 1 月 21 日，一部名叫 *Lie to Me*（《别对我撒谎》）的美剧在全球热播。这是一部描述心理学的电视剧，卡尔·莱特曼博士和吉莉安·福斯特博士利用脸部动作编码系统分析被观察者的肢体语言和微表情，进而向他们的客户（包括 FBI 等美国执法机构或调查机构）提供被观测者是否撒谎等分析报告。

卡尔·莱特曼博士认为普通人在每十分钟的谈话中会说三个谎话，他可以通过分析一个人的脸、身体、声音和话语来察觉真相。

作为一个研究面部表情和随机肢体语言来探索对方是否撒谎以及为何撒谎的科学家,无论对方是政界明星还是草根百姓,当他不经意地耸肩、搓手或者扬起下嘴唇,莱特曼就知道他们有没有撒谎。通过对脸部表情的分析,他可以读懂一个人的感情——从隐藏在心底的憎恶,到性的冲动,再到嫉妒……

关于这部精彩的美剧,我就介绍到这儿,如果你有兴趣,可以在各类视频网站中一睹为快。我想说明的是,作为冰山之上可以被听众直接感知的部分,身体语言必须得到有效运用。

二、知识与经验,习惯与激情

"台上十分钟,台下十年功",冰山下的沉淀与积累才真正决定了职场表达者的专业功力。中国老一代钢琴大师傅聪,相比郎朗、李云迪等新一代"钢琴王子",他的一生更富有传奇色彩,他在国际乐坛受尊敬的程度,也远远胜于其他人。上世纪六七十年代,他曾是美国《时代周刊》以及许多重要音乐杂志的封面人物;直到现在,世界上很多钢琴家仍常常向他求教;而备受瞩目的国际钢琴大赛,他是理所当然的评委。

傅聪从7岁半学琴开始,就与肖邦结下了不解之缘。1955年,年仅21岁的傅聪受邀参加"第五届肖邦国际钢琴比赛",最终独得"玛祖卡演奏奖"。傅聪成为西方音乐家眼中最能表现肖邦诗情的艺术家,"有波兰性格的中国人"、"中国籍的波兰人"也成为西方音乐界对傅聪的第一印象。对傅聪来说,钢琴才是他的终身"情人",而音乐则一直是他灵魂的避难所。

自学琴以来，傅聪每天大约花 11 个小时与钢琴"促膝谈心"，而且绝不允许任何人打扰。上了年纪后，他逐渐把练习时间缩短为 6~8 小时。傅聪一直谦逊地说，自己天生手硬，从小童子功又没练好，所以一日不练就不行。弹琴时，傅聪常常自得其乐："这是上天对我事业的一种特殊眷顾！"对音乐，他像基督教徒对待《圣经》般虔诚。每当有人问他是否打算退休时，他总是爽朗大笑："我是音乐的传教士，人生的大半辈子消磨在琴上，太辛苦了！但我还没有退休的计划。"

当然，你可能会说，对于傅聪老师在钢琴领域所取得的造诣，不要说是普通人，就是绝大多数的专业钢琴师也难以企及，作为偶像来膜拜就好了。不过在我眼里，傅聪的故事却极好地诠释了冰山之下的三个层面：积累知识与经验、保持如火的激情、培养思维与行为的习惯。这三个层面的修炼是每一位普通的职场表达者都需要关注的必修课！

1. 知识与经验累积

冰山下的第一层是表达者知识与经验的持续累积，尤其对于没有异禀天赋的普通人来说，真的就如同欧阳修笔下的卖油翁所言，"无他，唯手熟尔"。

心理学家安德斯·艾里森博士研究了世界一流运动员，如飞人迈克尔·乔丹、老虎伍兹，以及其他各行各业的成功人士，如国际象棋选手、医生甚至飞镖大师成功的秘诀。艾里森博士发现，这些成功人士都无一例外地通过某种方式来不断完善自己的能力，刻意反复地练习，精益求精。换句话说，他们不只是反复地做同样的事情，希望取得更好的成绩，他们还制定具体目标，寻求反馈意见，长期不懈地坚

持努力，不断完善。从艾里森的研究中，我们可以看到明星们出色的表演源自数十年如一日的技能练习。

普通的表达者之所以能成为众人瞩目的高手，也是因为他们坚持不断地练习，积累相关的知识与经验，英国前首相温斯顿·丘吉尔就是非常典型的一个例子。

作为大英帝国利益的坚决捍卫者，丘吉尔为大英帝国的利益奋斗了一生。他同时也是出色的沟通大师、著名的演说家。在第二次世界大战最黑暗的时期，丘吉尔领导英国人民坚决抗争，挽救民族危亡，为争取世界反法西斯战争的胜利做出了不可磨灭的贡献。为了说服、影响、鼓舞、激发数百万英国人，他也曾刻意练习演讲所需的技能。

"他会在大型议会演讲开始前数日就着手准备，包括有预见地做推测性的准备，针对各种可能遇到的挑战和疑问准备好巧妙的回答。他准备得如此彻底而充分，他看上去似乎是即兴发言……他的听众都不由自主地被他所吸引，并深深地为之着迷。"丘吉尔的孙女西莉亚·桑迪斯和合著者乔纳森·利特曼在《永不言败——温斯顿·丘吉尔的领导智慧》一书中写道，"道理非常简单，但需要事先进行大量艰苦的准备工作，尤其是如果你想在即兴发挥时也表现得自然流畅，事先反复练习就更加必不可少。"

世界上最伟大的演说家都知道，"自然流畅"是反复练习的结果。你也可以像商界奇才乔布斯那样演讲，但同样需要不断练习，积累大量的心得与经验。

乔布斯的演讲看上去很轻松、容易，那是因为他在幕后煞费苦心地花大量的时间精心准备、反复练习。在艾伦·多伊奇曼的《史蒂夫·乔布斯复出记》一书中，公司高管保罗·瓦伊斯曾这样评价乔布斯："每张幻灯片都优雅得像是诗歌的片段。即便是大多数人不屑一顾的细节，我们也花几个小时的时间反复推敲。史蒂夫不遗余力地为演讲做准备。我们一起精心策划、协调、编排所有的元素，使一切看起来更加真实。"

如果这类大人物会让你感觉有点望尘莫及，在此我也愿意与你分享一下我的故事。尽管我无法和这些世界级的大师相提并论，但我在商务演讲、职场表达领域的个人成长经验也许能够带给你一点点的启发。

我第一次正式走上表达的舞台是6岁读学前班的时候。那年的六一儿童节，班上组织同学们去公园游玩，前一天下课前班主任说："小朋友们回去准备自己的节目吧，唱歌、跳舞、朗诵都可以，表演得好的同学有奖品哦。"我回到家，满脑子里都是老师说的有奖品，同时琢磨着应该表演个什么节目：唱歌？容易跑调。跳舞？完全不会。朗诵？太普通了。想着想着，我灵机一动，想起正好看过的一本小人书，叫做《小气鬼的故事》，不如就讲故事好了！整个晚上我把小人书从头到尾翻了好几遍，临睡前还在床上念念有词，比手画脚。第二天，我的故事把所有同学都逗乐了，老师奖给了我一包饼干，还直夸我讲得好。

打那以后，只要有讲故事比赛，我就报名参加，先是代表班级参加年级比赛，接着代表年级参加全校比赛，然后又代表学校参加全市

小学生讲故事比赛。每一次比赛前的辅导、练习、准备,以及比赛中的体验都让我受益匪浅,快速成长。

从初中开始,我又成了各类演讲比赛的专业户。初中一年级参加演讲比赛的时候,因为个子太矮,老师还专门给我找了块木头盒子垫脚,结果仍然拿了冠军。从此以后,我不断地得到机会代表学校参加市级、省级演讲比赛。

到了大学,我开始接触辩论赛,彼时正值复旦大学的精英们从狮城舌战中载誉归来,辩论赛恰逢其时,我先是在系辩论赛崭露头角,然后是学院、全校,最后代表学校参加全国大专辩论赛,获得"优秀辩手"的称号。

在参加一系列的比赛前,我开始接受更加专业的思维、表达、发声、仪容、体态的训练。经历了这些唇枪舌剑的辩论之后,我面对公众有效呈现的功力得到了很好的锻炼。

工作以后,在从事培训咨询行业的10年时间里,我开始过上"以口养口"的生活,当众讲话、专业表达成了日常工作必不可少的组成部分,每一次的历练都使得自己"冰山下"的沉淀多了一点。走到今天,我清醒地意识到,如果没有从小到大数百次的台上表达、台下练习的经历,我绝对没有足够的心得与体验来以书的形式和大家分享我的经验。

2. 激情

在知识与经验的累积之下,就是表达者的激情。

激情首先是一种态度。公共演讲之父亚里士多德认为，成功的演讲者与表达者都有一种"精神病态"，那就是对演讲主题充满激情，一般沟通者则很少，甚至是很难对他们的话题表现出兴奋感。肯尼迪、马丁·路德·金等富有激情的表达者几乎每一次进行演讲时，都表现出令人眩晕的兴奋感，与此同时，几乎百分百的听众都会被他们的激情所感染。

看到这里，各位亲爱的读者，请花几分钟的时间填空，做出关于演讲激情的声明："我非常兴奋，因为此产品（公司、精神、功能等）＿＿＿＿＿＿＿＿＿＿。"不要怕难为情，大方地和听众分享你的活力和激情。除了说出来，你还必须把你的激情充分地展现出来：你的眼神必须坚定，你的手势必须有力，你说话的语气语调必须干脆利落……只有这样，才能够说服、打动你的听众。

激情同时是表达者成功的秘诀。关于这一点，我非常认可乔布斯的观点。当年他接受史密森尼学会的口述历史和视频系列采访时，他表示，是毅力将成功与不成功的企业家区别开来，而毅力来自于激情。"如果你对工作缺乏足够的激情，你就无法生存，最终你就会放弃。所以，你必须有一个想法，或者树立一个靶子式的问题，或者发现一个亟待纠正的错误，这样，你就能保持兴趣和激情。"

写到这儿，我要隆重地向大家推荐一部经典的美国电影，由著名黑人演员威尔·史密斯主演的《当幸福来敲门》。

这部电影根据真人真事改编而成，克里斯·加德纳便是剧中男主角的原型。现实生活中的加德纳为了成为一名股票经纪人不懈努力。一开始他很不容易才得到了在一家声名显赫的股票投资公司实习的机会，然而实习期间没有薪水，成功转正的希望也很渺茫。他没有放弃，重新振作起来，到处寻找机会。当时的加德纳穷困潦倒，无家可归。更糟糕的是，他还需要抚养两岁的儿子，父子二人晚上就睡在地铁

图 4-4

站卫生间的地板上。每天早上,加德纳都不得不换上他唯一的一身西服,将儿子寄养在一家很有问题的日间托儿所。股票经纪人实习期满时,加德纳的成绩在全班名列前茅,如愿以偿地成了一名股票经纪人,并赚到了数百万美元。

一次,在接受《商业周刊》专栏采访时,记者问他:"加德纳先生,你是怎么找到动力,让自己咬牙坚持下去的?"他的回答发人深省:"找到你挚爱的工作,那么,太阳还没升起时,你就迫不及待地去做你热爱的工作了。" 正如同路遥在《平凡的世界》里所说,"只有初恋般的热情和宗教般的意志,人才可能成就某种事业"。

职场表达也是如此,伟大的演讲大师之所以充满激情,是因为他们热爱当众表达,享受那种与他人分享交流的感觉。他们充分聆听内心的声音,孜孜以求,无怨无悔。他们的语言成为释放激情的舞台,进而唤起听众的热情。

3. 思维与行为习惯

如果我问你会开车吗，相信许多职场人士都会从包里掏出自己的驾照，在我眼前晃一晃。我接着再问你，还记得你刚刚拿到驾照、独自开车上路的情形吗？你肯定记忆犹新。是不是有些小紧张，同时又有些小兴奋？坐在驾驶位上定定神，扣好安全带，然后一边念念有词，一边告诉自己做如下的动作：1. 离合器踩到底，挂一挡；2. 开左转向灯；3. 鸣喇叭；4. 松手制动；5. 左脚慢慢抬离合器，右脚轻轻给油。耶，车子终于开动了！当然，开动归开动，也许在从家里到公司短短的3~5公里的路程中，你还是会在中途熄火几次，进了车库倒车的时候还要手忙脚乱好一会儿。

看到这儿，也许你正在会心一笑吧？向大家坦白，我遇到最糟的经历是，有一次开出去很远了，我才不经意地发现自己居然忘了松开手刹！现在，如果你已经是一位驾驶里程数超过5万公里的老司机，我再问你，你还会有意识地提醒自己每一个驾车的环节和步骤吗？当然不会，因为已经不需要了。所有的这些动作已经成为你的习惯，变成了你的"肌肉记忆"。

美国著名培训大师、管理畅销书作家史蒂芬·柯维在《高效能人士的七个习惯》中指出，成功源自良好的习惯。表达也是这样，"职场表达冰山模型"中的最底层就来自表达者的习惯。前面我提到过，别说两天，两周甚至两个月的表达培训都无法让表达者产生质的飞跃。表达者需要做的就是通过经年累月的练习，从思维和行为两个方面有意识地塑造正确的表达习惯。下面来检测一下你的表达习惯的"优秀度"吧，请在你能做到的选项后面画"√"（见表4–1、表4–2）。

表 4-1　思维习惯自测

情景	思维习惯	你问过自己吗
面对听众时的思考	听众的需求是什么？	
	听众关注哪些问题？	
	我和听众的关系怎样？	
	听众中的关键人物在哪里？	
	我用什么方式表达听众最易接受？	
对表达主题的思考	最有力量的表达结构是什么？	
	什么样的素材能引发听众的兴趣和关注？	
	怎样在瞬间找到表达中的"桩子"？	
对挑战性问题的思考	怎样回应最合理？	
	是反问、转移还是运用拖延战术？	
	怎样做既回应了问题，又夸奖了听众？	

表 4-2　行为习惯自测

情景	行为习惯	你问过自己吗
面对听众时	不用提醒自己，你就知道你保持着无可挑剔的身体语言：从手势到站姿，从眼神到微笑。	
当听众的身体语言告诉你他的注意力在下降、兴趣度在减少时	你知道该运用哪些手段来调动听众的能量水平，让现场气氛重新High起来。	
当你强调一个观点、描述一个事例，或者讲述一个故事的时候	你知道该如何协调运用声线、身体语言以及个人情感，使得效果充分体现出来。	

三、10000个小时，没有商量

"职场表达冰山模型"告诉我们一个真理，没有人生来就是专家，乔布斯、丘吉尔、肯尼迪、俞敏洪……这些非凡的演说家的成功都来自坚持不懈的练习。

马尔科姆·格拉德威尔是畅销书《异类：不一样的成功启示录》的作者，这本书通过研究世界上知名音乐家的成功之路，从而带给各行各业不同人群关于成功的启示。马尔科姆在书中揭示了这样一个研究结果：对于很多在少年时期就崭露头角的音乐天才，判断他们成年之后是否能在音乐王国里取得真正成就的唯一标准就是他们的努力程度。"那些最顶尖的专家，他们不只是努力，也不是比其他人稍稍努力，而是付出了常人无法想象的努力。"

除了音乐家，在其他行业取得非凡成就的人士也一样，坚持不懈地练习才是成为领域专家的唯一途径。本书前面提到了美国游泳名将菲尔普斯，在2008年北京奥运会上，这哥们一口气掠走了8枚金牌。全世界都对这位游泳天才肃然起敬，并关注他成功的秘诀。对此，菲尔普斯认为他的成功很大部分要归功于训练，"我知道没有人比我训练更刻苦"。这位每年只有4天假期的奥运冠军此言非虚：一天训练3次，一周训练7天，21天开始一个新的训练循环。有一次，菲尔普斯因为参加一个新年联欢晚会缺席了晚上的训练环节，为了补上这一节，他从晚上11点训练到凌晨1点。

神经系统科学家兼音乐家丹尼尔·列维京告诉我们：要想成为某个领域的专家，要通过相当时间量的反复训练，这个神奇的数字是10000个小时。"一个人的技能如果想达到世界水平，他的训练时间就必须超过10000个小时，任何行业都不例外。通过分析无数个案例，可以发现，无论是舞蹈艺术家、足球运动员、高尔夫运动员、

钢琴演奏家、国际象棋手,还是作案从不失手的'盗圣',对他们的练习时间进行统计,结果都无一例外地显示10000这个神奇的数字。因为,人脑的确需要这么长的时间去理解和吸收,才能吸收消化所有必要的知识,才能达到真正意义上的精通,完成成为世界级专家所必需的知识储备。"

需要说明的一点是,10000小时是成为顶尖级选手的必要条件,也就是说尽管有些人的练习时间远远超过其他人,但囿于先天条件,可能仍然达不到世界级专家的水准;反过来,梦想着抄小道、走捷径不费吹灰之力就达到专家水平,全世界目前也还没有这样的案例。

根据马尔科姆和丹尼尔的研究,"10000小时"的成功定律和我们所掌握的大脑学习理论是一致的:学习一项新的技能需要神经组织的整合——大脑将信息整合,做出反应,再通过神经组织指挥身体感官学习。我们对某一特定行为的重复体验越多,大脑中的这种联结就变得越紧密。

10000小时到底是多长的训练时间,也许大家到现在还没有一个直观的概念。我们来做一个简单的换算:如果以10年为一个阶段,10000个小时相当于每天练习3个小时,或者一周练习20个小时。可见中国古人所说的"十年寒窗"、"十年磨一剑"是多么的有道理。

为了说明"十年磨一剑",我们来看看英国披头士乐队的例子。

毋庸置疑,披头士乐队是全球流行音乐史上最伟大、最有影响力、拥有歌迷最多、最为成功的乐队。直到今天,位于英国利物浦的披头士乐队展览馆还是全世界粉丝们最喜欢的地方。但是,你很有可能不知道,这支乐队其实并不是在英国奠定了他们在全球流行音乐界的江湖地位。事实上,在披头士乐队宣告正式成立的1960

年，约翰·列侬、保罗·麦卡特尼他们就出没在德国汉堡的各类俱乐部，到1964年，短短5年间，披头士乐队已经在汉堡演出了1000多场，有时甚至疯狂地连续演出8个小时。

对披头士乐队而言，在一起合作的时间越长，他们的才能就越得以磨砺，也就变得越发有魅力。马尔科姆怀着敬意写道："从披头士乐队成立之日，到他们的新专辑《佩珀中士的孤独之心俱乐部乐队》和《白碟》的问世，整整经历了10年时间。"

亲爱的读者朋友，你不妨掐指算算，从记事开始到现在，你用在锻炼自己职场表达力上的时间究竟有多少——10个小时？100个小时？1000个小时？还是……当然，任何时候用功都不算晚！

黄西是唯一一位上过美国CBS《大卫·莱特曼秀》（以下简称《莱特曼秀》）的中国谐星。这哥们身材不高、戴着眼镜、动作拘谨、表情略显呆板，一张口就是典型的中国式英语。然而在不到6分钟的演出中，他不露声色地一个包袱接一个包袱地抖，全场笑声、掌声不绝于耳，一波高过一波，气氛异常热烈，让见怪不怪的莱特曼也忍不住走上前台和黄西一再握手，再三表示祝贺。

成功当然绝非偶然。1994年，黄西到美国莱斯大学攻读生化博士学位，开始近身体验美式幽默。从那时开始，他尝试着写作并发表了一些笑话，把留学生普遍经历的可笑的、可悲的、可叹的故事，用幽默的、自嘲的、讽刺的、发人深省的方式表达出来，传递给主流社会。

为了提高自己的能力，黄西先是参加了一个"笑话写作培训班"，接触到波士顿的喜剧圈。在这个过程中，他持之以恒地创作、收集笑料，终于在2002年得到一个在俱乐部登台的机会。第一次的表演只有5分钟，他由于紧张，语速极快，加上严重的口音，让台下的观众不知所云。然而，他没有气馁，不断总结提高，终于在2003年成功打入波士顿国际喜剧节的决赛。

2005年，黄西等来了生命中的贵人——《莱特曼秀》的星探Eddie Brill。Brill观看了黄西的演出后，认为黄西是可造之材，于是让黄西给他寄了一些个人资料和演出录像，可惜之后便杳无音信。这期间，黄西一直坚持在台上演出，为观众讲述自己周围的趣事。

机遇是留给有准备的人的。2008年，Brill再次出现，这一次他认为黄西上《莱特曼秀》的时机已然成熟。在Brill的指导下，黄西把精选出来的几个笑话重新进行排序，使之更有节奏感。2009年4月17日，黄西在《莱特曼秀》上终于一鸣惊人、笑倒众生。

谈到演艺道路上成功的经验，黄西表示没有诀窍和捷径可言，唯有勤奋创作、努力坚持。多年来，他一直保持着随手记录趣事和灵感的习惯，即时创作。黄西特别赞同著名谐星Jerry Seinfeld的话：十个笑话里头能有一个让观众发笑，就算成功了。为了让听众发笑，黄西自己多年来下苦功积攒了一百多个成功的笑话。正是有了多年经验与素材的积累，他才能够在关键时刻镇定自若、胸有成竹地走上《莱特曼秀》的舞台。

 **职场感悟**

爱一行，再去干一行

在我 14 年职业生涯中，前 4 年，我先后从事过行政管理、市场营销、广告文案、体育报纸写手等职业。我的学习能力和适应能力使我能够在短时间内达到每一份工作的基本要求，但却无法让自己长时间安心于眼前的工作，内心深处总有一个声音在告诉自己，这不是我真正喜欢、可以安身立命、为之长期奋斗的事业。直到 2002 年 5 月 6 日，我通过各种努力加入中国雅芳人力资源部，正式开始培训生涯。

带着对培训工作的热爱与激情，我迅速进入最佳状态，从学习设计培训课件到登台讲课（从开场白练起，到讲半个小时、一个小时、三个小时、一整天），再到参与拍摄制作业务培训 DVD、管理维护网络培训系统……每天至少工作 10 个小时，周末也经常放弃休息，选择加班或者参加培训，然而我丝毫不觉得疲累。站在讲台上的成就感、帮助他人成长的满足感，使我从工作中得到了极大的快乐。

10 年来，从雅芳到众行、从 IBM 到民生银行，我经历了 4 家企业，但职业的主线完全没变，那就是培训。我和 10 年前的自己一样，一如既往地热爱这个行业，体验其中的过程，享受持续的成长。我知道，下一个 10 年，我还是会继续在这个行业里，生根、深耕。

与我们的父辈"干一行，爱一行"相比，今天的职场给了年轻一代更多选择的空间和机会，而选择的起点在于是否找到了你发自内心热爱的那个行业。如果是，那么恭喜你，你必能拥有职场长跑所需的勇气和动力。如果暂时还不是，我建议你静下心来，想清楚你爱的行业究竟是什么。

家庭小作业	上网搜索三段黄西的脱口秀视频，观赏的同时，记录下你认为可以从他的表达中学习借鉴的地方。
延伸阅读	马克·罗格、彼得·康拉迪著．莎伦迩、吴果锦译．《国王的演讲》．天津：天津社会科学院出版社，2011．

第2节
多讲讲自己或者别人的故事

一直以来，我都坚持这样的观点，那就是优秀的表达者首先必须有故事，其次必须会讲故事。演绎故事的时候，表达者需要充分运用声线、身体语言以及丰富的情感来调动听众。讲故事的技巧前面已经讲过，下面重点来讨论一下如何设计和创造出精彩的故事。

作为表达者，你和听众分享的每一个故事都应该有它被讲述的原因，这个原因可以是一个教训，也可以是能给听众以启发。最忌讳的是讲述无意义的故事，或者只是平铺直叙其中的过程，这很容易让你的听众感到厌烦。

一、故事里都包含了什么

要想讲好故事，你首先需要了解一个打动人心的故事都应该包含哪些核心的要素。美国的TOASTMASTERS俱乐部帮助表达者构建了一个故事的7C模型：

● Curiosity（好奇心）：

故事必须能够引起听众的好奇心，激发他们的兴趣和关注。

● Circumstance（背景）：

故事必须发生在一个相对具体的背景和大环境之下，以便于听众更好地理解当中的情节。

● Characters（人物）：

我们必须承认人类是一个自恋的物种，每个人都喜欢听到与自己相关的故事，因此，如果你的故事与听众有关，就会引起他们的注意。如果你谈论的是听众熟悉的人，如公司的职员，那就更好了。值得注意的是，故事中必须有主角，而且主角最好能够有名有姓，哪怕是你出于某种目的重新为主角安排了新的姓名和称谓。

● Conversations in Dialogue（人物对话）：

故事中的人物之间最好能有对话和交流，这样更容易让听众产生身临其境的现场感。

● Conflict（冲突）：

故事情节当中必须安排合适的冲突，只有冲突的存在，才会让听众有继续听下去的欲望。

● Climax（高潮）：

故事的发展必须有一个高潮点，在这个点上听众能够感受到愉悦或者惊喜，或者其他你期待他们产生的情绪。

● Conclusion（结论）：

故事必须要有一个清晰、明确的结论，给听众以启发和借鉴。

围绕着7C模型,相信每一位表达者都可以结合自己工作、生活中的相关素材,设计出栩栩如生的故事。

在此,我想和大家分享一个在惠普公司内部传播了20年以上的老故事,这个故事宣扬了惠普倡导分享的文化,无论是信息、观点还是知识资产都可以分享。故事由惠普的创始人之一比尔·休伊特根据自己的亲身经历撰写并讲述:

> 一个周六的下午,比尔·休伊特还在公司忙碌着。他需要用到一台显微镜分析电子元件,可是走到存放设备的储物柜时,他发现所有的柜子都被锁住了。休伊特走到旁边的墙角,取下墙上挂着的消防斧,回到柜门边,随着几声巨响,柜门上的锁被斧头敲烂了。几个也在加班的员工闻声赶来,看着满地的木头碎片,目瞪口呆。休伊特看着他们,耸耸肩说:"没事儿,我想我们不应该让这些经常会用到的设备被锁在里面,不是吗?"接着,他抓起一张纸,写下了一段话,字迹隽秀而工整:
>
> 请不要锁上储物柜的柜门
> 因为我们随时需要用里面的设备
> 在惠普,我们分享一切
>
> ——比尔·休伊特

尽管这只是一个一分钟就能讲完的小故事,但它巧妙地浓缩了上述7C元素,成为惠普公司脍炙人口、广为流传的一个宣扬企业文化的优秀故事。

二、让故事活起来

你必须学会恰如其分地使用不同类型的故事，让你的表达生动活泼起来。下面是一些常见的故事类型，巧妙借用它们，能让你的表达产生不同的效果。

1. 成功的故事人人都喜欢

成功的故事是人们的行动或观点胜利的证明。如果你喜欢的故事令小孩子"从此以后一直快乐着"，那正是成功故事的标志。人们特别喜欢听关于职场理念或行动如何成功的故事，这在很多职场表达的场合中都颇为流行。

作为苹果的粉丝和"乔帮主"的追随者，我喜欢讲述乔布斯的故事，包括他如何辍学，如何创立苹果公司，如何以改变世界为己任，以及"stay hungry, stay foolish"的人生哲学。每一次讲乔布斯的故事，都会点燃我和我的听众内心的激情。

另外，我还经常引用台湾地区经营界的传奇人物王永庆的成功故事。老先生是中国企业家中我最为敬佩的一位。早几年的时候，我研究优质客户服务，做过不少服务标准建设、优质服务技巧的咨询和培训项目，在和客户沟通的时候，常常会讲述老先生早年开米店卖米的故事：

> 15岁的王永庆小学毕业后，来到了一家米店做学徒。第二年，他用父亲借来的200元钱做本金，自己开了一家米店。王永庆的隔壁有一家日本米店，为了和那家日本米店竞争，王永庆冥思苦想，颇费了一番心思。
>
> 那个时候，加工大米的技术比较落后，出售的大米里经常混杂

着米糠、沙粒、小石头等，买卖双方都是见怪不怪。王永庆多了一个心眼，每次卖米前，都会把米中的杂物一一拣干净，这一额外的服务深受顾客欢迎。

王永庆卖米通常是送米上门。他有一个专门的本子，上面详细记录了顾客家里有多少人、一个月吃多少米、何时发薪水等。算算顾客的米该吃完了，就送米上门；到了顾客发薪水的日子，再上门收取米款。

他给顾客送米时，并非送到就算完事。他会帮顾客把米倒进米缸里。如果米缸里还有米，他就先将旧米倒出来，将米缸刷干净，然后把新米倒进去，再把旧米放在上层。这样，旧米就不至于因陈放过久而变质。他这个小小的举动令不少顾客深受感动，铁了心专买他的米。

就这样，他的生意越来越好。从这家小米店起步，王永庆最终成为台湾地区工业界的"龙头老大"。

这个故事让我大为感动，深受启发。同样是卖米，为什么王永庆能将生意做到这种境界呢？关键在于他用了心！用心去研究顾客的心理和需要，研究如何去满足顾客。他不仅仅是卖给顾客简单的产品，而是将顾客的需求变成自己的服务项目，与产品一同给予顾客。只有乐于把方便给予他人，把利益给予他人，把温暖给予他人，把服务给予他人，才能塑造出自己独特的魅力，赢得顾客的心。

2. 个人的故事比简单事实更有趣

在表达过程中，无论什么时候加入一个与你个人经历有关的故事，基本上都会引起听众的注意，人们对个人的故事比对简单事实更感兴趣。这里所说的个人的故事是指发生在你（职场表达者）或者你的朋友、同事、亲戚身上的某些真实的事，而不能是你虚构的故事。例如，朋友害怕地看着 8 岁的你穿着衣服跳入池塘，你抛硬币回答判断题测验得了高分，你在飞机上邂逅的某人结果成了你最大的客户……你可以在表达中使用你个人的这些故事，以帮助你阐述自己的观点。

我个人特别喜欢《魔鬼经济学》的作者史蒂芬·列维特的故事。这哥们 1994 年在麻省理工大学取得博士学位，1997 年进入芝加哥大学执教，短短两年时间就成为芝加哥大学经济学院终身教授。他的声誉得到了整个经济学界的公认，一度被认为是全美"四十岁以下最负盛名的经济学家"。但是他的一个小故事却非常具有颠覆性，让人印象深刻：

> 在一项有关经济学家的调查中，有这样一个问题：对经济学家来说，最重要的一项技能是什么？70% 的人回答是"精通数学"，只有 1% 的人答案是"良好的经济学应用知识"。
>
> 列维特不擅长数学。他参加高中同学的聚会，在那里，他见到了高中时的数学老师。数学老师依然记得他的名字，说："你不就是那个在微积分考试中，满分 5 分，你只得到 2 分的学生吗？"列维特不得不回答"是"。显然，这么多年来，列维特依然是老师所带的学生中得分最低的一个。事实上，这也是老师记得他名字的原因。在列维特进入麻省理工学院后的第一节数学课上，他转身问一个同班同学："嗨，你能告诉我斜体 d 和正体 D 有什么不同吗？"那家伙怜悯地望着他，说："你的问题是够大了！"
>
> 列维特与同班同学差距是如此之大，他根本赶不上他们。他不

知道该怎么办。就在那时，列维特忽然想起父亲曾给他讲过的自己年轻时的一件事。

那时，父亲还在医学院读书，父亲的导师总是对他不管不问，显然，父亲不是一个特别聪明的学生。有一次，那位导师对父亲说："在医学研究方面，你没有太大的天赋，现在有两条路摆在你的面前，一条是选一个很多人都争着进入的热门领域，在这个领域，你必须奋斗前进才能取得一定成就；另一条就是选一个从未有人涉足的领域，建立自己的理论体系。"这就是列维特的父亲决定专攻肠气症的原因。父亲最终成为这个领域的权威，被人称做"屁王"。列维特一直将父亲的话铭记在心，并且渴望有一天能找到属于自己的领域。《魔鬼经济学》对传统经济学的影响，正如肠气症对传统医学的影响一样，两者都是独特的领域。

在我看来，你的职场经历越丰富，你的故事素材就越多。如果你非说自己没有很多个人故事怎么办？我的建议是请教其他人，邀请他们分享自己的故事。从你的合作者、客户甚至是小商贩身上寻找故事，这做起来很容易，可是很少有人去做。请记住，别人的故事是你不该忽略的巨大的素材仓库。

3.用幽默故事为你的表达加点料

在表达观点时，你也可以使用幽默的故事娱乐你的听众，它可以是你工作或生活中的一个有趣的故事。只要幽默的故事不会让你的听众难堪，就能创造和谐并引人注意，尤其在职场表达中，它们很有用处。最安全的幽默故事一定是发生在你自己的身上，可以是你遭遇的某次尴尬，也可以是一次让人捧腹的遭遇。幽默故事如同味精，不能多，1~2个就足够让你的职场表达味道更加"鲜美"。

美国的演说家中，马克·吐温是运用幽默的高手，他的表达过程中充满了机智诙谐的幽默，让人忍俊不禁的同时，又有所启发和思考。以下是他的两个小幽默：

必须站着

马克·吐温有一次到一个小城市演讲，他决定在演讲之前先理理发。

"你喜欢我们这个城市吗？"理发师问他。

"啊！喜欢，这是一个很好的地方。"马克·吐温说。

"您来得很巧，"理发师继续说，"马克·吐温今天晚上要发表演讲，我想您一定是想去听听喽？"

"是的。"马克·吐温说。

"您弄到票了吗？"

"还没有。"

"这可太遗憾了！"理发师耸了耸肩膀，两手一摊，惋惜地说："那您只好从头到尾站着了，因为那里不会有空座位。"

"对！"幽默大师说，"和马克·吐温在一起可真糟糕，他一演讲我就只能永远站着。"

互换演讲稿

一次偶然的机会，马克·吐温与雄辩家琼西·M.得彪应邀参加同一晚宴。

席上演讲开始了，琼西·M.得彪滔滔不绝，情感丰富的他讲了20分钟，赢得了一片热烈的掌声。然后轮到马克·吐温演讲。

> 马克·吐温站起来,面有难色地说:"诸位,实在抱歉,会前琼西·M.得彪先生约我互换演讲稿,所以诸位刚才听到的是我的演讲,衷心感谢诸位认真地倾听及热情地捧场。然而,不知何故,我找不到琼西·M.得彪先生的讲稿,因此我无法替他讲了。请诸位原谅我坐下。"

在国内众多的职场表达明星当中,俞敏洪同样以善于讲幽默故事而著称,他在2008年北大新生的开学典礼上发表演讲时,妙语连珠,引来笑声掌声一片:

> 学生生活是非常美好的,有很多美好的回忆。我记得我们班有一个男生,每天都在女生的宿舍楼下拉小提琴,(笑声)希望能够引起女生的注意,结果后来被女生扔了水瓶子。
>
> 我还记得我自己为了吸引女生的注意,每到寒假和暑假都帮着女生扛包。(笑声、掌声)后来我发现那个女生有男朋友,(笑声)我就问她为什么还要让我扛包,她说为了让男朋友休息一下。(笑声、掌声)
>
> 我也记得刚进北大的时候我不会讲普通话,全班同学第一次开班会的时候互相介绍,我站起来自我介绍了一番,结果我们的班长站起来跟我说:"俞敏洪,你能不能不讲日语?"(笑声)

4.重新讲述人们熟知的寓言故事

寓言故事是含有讽喻或明显教训意义的故事。它的结构简短,多用借喻手法,使富有教训意义的主题或深刻的道理在简单的故事中体现。寓言故事的成功之处在于故事的可读性很强,无论听众的文化水准高低,都能在简练明晰的故事中悟出道理。我经常讲的一个故事叫《龟兔赛跑》，你也许听过这个故事的全部或一部分。

从前，有一只兔子和一只乌龟互相争论谁跑得快，在谁也不服谁的情况下，他们决定通过比赛分出高下。一声枪响，兔子带头冲了出去，撒丫子狂奔了一阵，扭头一看，发现自己已遥遥领先乌龟，兔子心里一阵狂喜，这么轻松就把乌龟给赢了。于是它在树荫底下坐了一会儿，心想休息休息再继续比赛。悲剧发生了，兔子很快在树下睡着了，而一路慢慢吞吞爬上来的乌龟则超越它，率先完成了比赛，成为龟兔赛跑的冠军。兔子一觉醒来，才发觉自己输了。

这个故事给我们的启示是：人生中很多比赛都是长跑，一开始的领先并不意味着最后的胜利，骄傲自满是成功的大敌。

这是从小伴随我们长大的龟兔赛跑故事的版本，但其实还有更有趣的版本。故事这么连续下去。

兔子因为输了比赛而感到颜面无光，关于失败的原因，它坐下来做了深入的分析。兔子心里很清楚，它之所以失败，就是因为自己太大意，同时在优势局面下骄傲自满。如果能够克服这些毛病，乌龟完全是可以战胜的。于是，兔子约乌龟再赛一场，这一次，兔子从头到尾毫不放松，一口气跑完全程，领先乌龟赢得比赛。

这个故事的启示是：在前进方向明确无误的前提下，竞赛双方比拼的就是效率，效率快的一方毫无疑问占有相当大的优势。对个体来说，养成良好的工作习惯、掌握科学的工作方法、提升各项核心能力都能够帮助自己提升效率。

故事到这儿还没结束。

乌龟在输了比赛后也开始认真检讨。它明白，按照现在的竞赛规则，它没有机会战胜兔子。思考良久后，乌龟想出了新招，然后找兔子再来比试。乌龟声明比赛

路线和前两次略有不同，自信满满的兔子不假思索地同意了。为了取胜，兔子沿着路线飞奔而出，眼看就要到终点了，没想到一条宽阔的大河拦在了兔子面前，比赛的终点就在河对面。傻了眼的兔子急得跺脚，却无计可施。过了很久很久，乌龟终于赶了上来，它对着兔子狡黠地一笑，"扑通"跳入河里，慢悠悠地游到了河对岸，率先完成了比赛。

这个故事的启示是：在职场比拼中，我们需要首先找到自己的能力优势，然后想办法在竞争中最大化发挥出自己的能力优势。这样，我们就能比对手更加游刃有余地适应工作，并且取得更大的成绩。

故事还没结束。

所谓不打不相识，几场比拼下来，兔子和乌龟成了彼此欣赏的好兄弟。它们坐在一起讨论，如何在下一次的比赛中，可以取得更好的成绩。于是，兄弟俩计划再比一回，但这次不是互相竞争，而是通力合作。发令枪响后，兔子背着乌龟，大步向前跑去，直到河边。接下来，乌龟驮着兔子向河对岸游去。上岸之后，兔子再次背起乌龟，这回，哥俩一起抵达终点。

这个故事的启示是：在团队当中，每一个成员不仅仅要拥有自己的能力优势，还要学会欣赏和发现其他团队成员的能力优势，并且创造氛围让每一个人都有机会充分展现、发挥出自己的优势特长，帮助团队取得最大化的绩效结果。

看到这儿，我相信作为表达者，你应该对于故事的种类及来源有了充分的了解。需要提醒的一点是，讲故事的第一时间不应该是你站在台上对着听众正式表达的时候。你必须事先充分准备并练习，需要提前了解故事在表达中所起的作用。你可以向你的朋友、邻居、同事或其他愿意听故事的人练习讲故事。理论上，每多讲一次故事，都会比前一次讲得更好。只有这样，到了正式表达的时候，你才能进行完美的讲述。

另外,你要为你的故事仓库建立一个目录清单。请记住,不是每个故事都能起到预期的作用,因此,你要选择一些好的故事,开发几个你感觉讲起来比较舒适的,然后在合适的场合与时机,将它们用于你的主题和听众。

内容背后是观点,观点背后是你自己

我的一位表弟 2010 年从澳大利亚念完研究生回来,在广州一家国际知名快消品公司的市场部工作。作为一位工作勤奋、积极向上的职场新人,他渴望抓住每一个机会来表现和证明自己,尤其是向领导汇报工作思路、与同事研讨项目方案的时候。他希望自己每一次所表达的内容,能被听众理解和接受,可往往事与愿违,很多时候,当他陈述完精心准备的内容,用热切的眼神看着听众时,却被对方轻飘飘地一句"我觉得整个方案还是不够全面深入,你再拿回去考虑考虑"打发了。他的心宛如大冬天被人泼了一瓢冷水,顿时就掉进了冰窟里。

令表弟百思不得其解的是,坐在他工位隔壁的大李,那个只比他早一年毕业的"土鳖",在向领导汇报工作、研讨会上与同事分享自己的意见和主张时,基本上都会得到对方的认同和肯定。究竟是哪儿出了问题呢?表弟把他的困扰抛给了我。

在我看来,表弟所遇到问题的本质和职场表达的可信度有关。在表达者每一次陈述内容的背后,都必须有一个或几个清晰明确的观点,而观点的背后恰恰就是表达者自己的可信度。很多时候,正是表达者的可信度决定了他被听众接受与认可的

程度。那么,可信度又从何而来呢?专家认为,表达者可以从以下五个方面关注可信度的建立:身份地位、良好意愿、专业知识、外表形象、共同基础。具体到每一方面,又可以从"对初始可信度的强调"以及"对后天可信度的加强"两个维度来加以维护和建设(见表4–3)。

表4–3 影响可信度的因素与改变的技巧

因素	建立的基础	对初始可信度的强调	对后天可信度的加强
身份地位	等级权利	强调你的职位和地位	将你与地位很高的某个人联系起来,或者引用地位高的人的话,如让对方帮你写推荐信、介绍信
良好意愿	个人关系、长期记录	涉及的关系或长期记录	通过强调听众的利益,建立听众对你的良好意愿
专业知识	值得信赖的知识、能力	承认利益上的冲突,做出合理评估;分享你的专业知识,说明你获取这些专业知识的方法和途径	把听众心目中的专家与你联系起来,或者引用专家的话语
外表形象	吸引力,让听众具有喜欢你的欲望	强调对听众有吸引力的特质	通过认同听众的利益来建立你的形象;合理使用听众认为活泼的非语言表达方式及语言
共同基础	共同的价值观想法、问题和需求	确立你与听众共享的价值观和想法,建立与听众的相似之处	将信息与共同基础结合起来

经过我的分析,表弟恍然大悟。他认可了职场表达可信度的说法,也找出了自己问题的根源所在,那就是平时没有花时间和心思与领导、同事们建立"共同基础"。而正是因为缺少了坚实的"共同基础",领导和同事们看他时,总有点是看"其他人"而不是"自己人"的感觉,沟通交流起来多少就会有一些别扭,从而影响

了表达的有效性。

　　从那以后，表弟开始有意识地在这五方面，尤其是"良好意愿"和"共同基础"这两项上下工夫。一段时间后，他欣喜地发现，领导和同事们越来越喜欢听他发言，也越来越接受和认同他的观点与见解了。聪明的表弟知道，那是因为他自己越来越被领导和同事们接受了。

家庭小·作业

回想一下你的人生经历和职场体验，看看有没有什么事件让你印象特别深刻？可以是成功的经历，也可以是失败的教训，请把事件的背景、人物、经过、结果以及你的感受完整地写下来。

环节		内容
背景		
人物		
经过	起因	
	发展	
	高潮	
结果		
结论（心得感受）		

延伸阅读

斯蒂芬·丹宁著．丁栎虹译．《领导者讲故事指南：掌握商业会议的艺术与规律》．上海：上海财经大学出版社，2007．

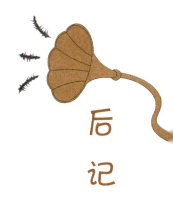

后记

  这本书是我的第一个"孩子"。但凡初为人父母者,尽管全无经验,但却怀着对新生命降临的激动与憧憬,自始至终都处于高度投入与兴奋的状态。孕育这个"孩子"的过程,我的心情便是如此。

  产生写这本书的念头可以追溯到3年前,为深圳某地产企业实施完职业表达的培训后,几位学员意犹未尽,围着我讨论一些困惑他们的职场表达的问题。其中一位学员对我说:"宋老师,您的课程让我们很受益,但老实说,很多内容听完以后就忘了,如果您能有一本书,我们需要的时候可以拿出来翻阅翻阅,可能帮助会更大。"我当时听完后,心里一动,觉得是个好主意,但忙于工作,想法暂时就搁下了。尽管如此,这个念头还是像电影《盗梦空间》里面的经典台词所描绘的那样,当你被植入了一个想法,它就会在你的头脑当中一直存在下去……

  2011年7月,由于工作调动至北京,我与北大出版社博雅光华的编辑——老朋友袁博在一次聚会中再度说起这个想法,没想到得到她的大力支持,认为这个主题对职场中的朋友太有帮助了,而我应该就是驾驭

这个主题的合适人选。我从小就热爱表达，读书期间参加过各类演讲、辩论、主持活动且获奖众多（上课期间和前后左右的同学说话不算在内）；长大了更是从事着和演讲、表达关系密切的工作。从6岁到现在，我已经有接近30年专业表达的经验，久经沙场，体会良多。有趣的是，多年前我做过盖洛普的个人优势测试，在我自己的五个优势主题当中，排在第一位的就是"沟通"。盖洛普公司对于"沟通"的解释是：你喜欢解释、描述、主持、演讲和写作，这是你的沟通主题在起作用。概念索然无味，事件平淡无奇，你需要将它们激活，使它们生机勃勃，激动人心，引人入胜。所以你就把事件编成故事，频繁讲述。你用形象、案例和比喻赋予枯燥的概念以生气。你认为大部分人注意力甚短，他们天天受到信息的轰击，但所记寥寥。你希望你所传达的信息——思想、事件、产品的特征和功能、发明或一堂课——被人铭记。你想把他们的注意力吸引过来，然后捕捉和锁定它。这种愿望驱动你搜寻生动而富有感染力的完美词句。正因为如此，别人乐于听你侃侃而谈。你用语言勾画的图像激发他们的兴趣，澄清他们的眼界，并激励他们去行动。我真是足够幸运，能够在后天将属于自己的先天优势不断加以磨砺、提升。

从事培训工作以来，作为专业培训讲师，在过去10年间，我对于认知心理学、行为主义心理学有一些涉猎和研究。这些心理学方面的理论知识一直有效地指导着我的表达实践，现在我愿意把这些分享给你。

作为一名曾经的人力资本咨询顾问，在IBM工作时所受到的专业训练和咨询项目经验帮助我塑造了严谨的思维习惯和缜密的写作习惯，这两方面的好习惯对于我的创作大有裨益。

后记

想法一旦确定，我便进入真正的写作状态。从7月开始讨论书稿的大纲，到书稿真正写完，历时4个月，用的绝大部分都是周末以及工作之余晚上的边角料时间。尽管写作的时间上很不连贯，但写作进度相当顺利，更重要的是，我非常享受整个写作的过程。

享受的原因之一是我自己有机会对职场表达这个主题进行再思考与重新认识。除了把书架上20多本与演讲、口才、职场表达有关的书籍重新翻阅一遍，再次进行了系统学习和批判吸收外，我还同时回顾和梳理了过往这些年的经验体会，把它们整理成文字；此外，我还采访了身边不少善于表达、精于演讲的朋友，听他们分享自己成功的故事或者失败的教训，然后加以记录和整理。这些闪光的故事遍布于全书的各个章节，相信在阅读过程中，它们定能令你会心一笑或开怀大笑。

另外，业内外专家、学者的智慧和书籍文献也给予了本书丰富的素材和营养，书中部分模块的内容或来自于网络，或受到网络上文章的启发，加进了自己的思考改编而成，虽经多方查找，仍无法找到原始出处，在此，对他们一并表示感谢。

我在写作过程中，充分运用了戏剧大师赖声川"双视线"的创作法则——视线中既有整体的布局谋篇，又有局部的精雕细琢。布局谋篇本来就是一个咨询顾问擅长并且喜欢的部分，而分解为各个章节分头击破的时候，又让我享受了阶段性完工的小小成就感。

最后一个原因其实是最为主要的。写作的过程如同登山，老实说，对我而言，这个主题不算是一座不可逾越的险峰，无须经年累月地枯坐在电脑前玩无人区穿越，时不时还要面对各种毒蛇猛兽的拦路挑战。相

反,所登的这座山海拔不高,风景旖旎,泉水淙淙,鸟语花香,行进过程中不时可见清晰的方向指示,爬累了还可以随时在路边的凉亭小憩。不知不觉之中,就已行至了花团锦簇的终点。

我期望,作为读者的你也是用这般轻松愉悦的心情享受了整个阅读的过程,并在掩卷回味的时候,觉得书中的一二观点、三四案例于你有所启发,如此,我就会心怀感激,异常欣喜了。

宋春涛

史上最火爆 创意职场 系列

"创意职场"系列缘起小编的郁闷,成日面对堆积如山的文案书稿昏昏欲睡,心下惨淡,仰面高呼:"为什么不给职场工作加点料?"想到此处,顿时眼冒绿光,精神百倍,上天入地,遍访名山,终于在人潮人海中,找到了有绝活、懂创意、会"偷懒"、够幽默的诸位职场达人,为职场兄弟姐妹们奉上一道道"胜过初恋滋味"的创意大餐。

超过20万人分享的创意精粹
《别告诉我你懂PPT》

卓越年度十大畅销书
卓越经管分类第一
当当网计算机分类第一
新华书店计算机类第一

以一敌百的Excel心法,伍昊教你职场"偷懒"的秘诀
《你早该这么玩Excel》

一切从简的"懒人智慧",教你从"偷懒"出发,不断创新和学习。

无论菜鸟还是表哥,你都能升级为表格的"哥"!

职场从此成为一个可以潇洒悠游的"江湖"。掌握四两拨千斤的利器,享受玩转Excel的乐趣!

医话痨,治无语,表达不再难为你
《一句顶一句——说着说着就成了》

想成为职场红人,会表达是关键一步。说好了,人人青睐;说不好,分分钟打入"冷宫"。听资深"说话分子"宋春涛聊聊表达那些事儿。

沉默的技术男、羞涩的工科女、喋喋不休的文科生
　　　　　　——救星来了

新兵入营

亲,还记得讲"天下只有一张表"的**伍昊**吗?
《你早该这么玩Excel 2》

了解了"天下第一表"和"三表概念"让读者惊呼:"Excel一点也不可怕!"延续前书的风格,这一次让理想落地,伍昊手把手教你玩转"一表"和"三表"。

"用最简单的方法解决最复杂的问题",这就是我,一个"表格他哥"的告白。

待字闺中,敬请期待!